CONDITIONS DE LA SOUSCRIPTION:

L'Ouvrage complet formera 60 livraisons.

Il paraît deux livraisons par semaine.

Prix de la Livraison : 25 centimes. — L'Ouvrage complet : 15 francs.

Pour le recevoir *franco* à domicile, il faut payer 20 Livraisons d'avance.

AVIS.

Le Panthéon publie, à ses frais et à des conditions avantageuses, les OEuvres des Auteurs débutans dans la carrière littéraire, comme de ceux qui s'y sont déjà acquis un nom.

Il ne faut d'autre recommandation que le mérite et le talent ; hommes, femmes, jeunes gens, riches et pauvres, tous auront accès auprès de nous.

Nous invitons les Auteurs, qui auraient des *manuscrits*, à vouloir bien nous les soumettre, et toutes les personnes qui s'occupent ou veulent s'occuper de littérature, à se mettre en relation avec la Société. Les jeunes littérateurs y trouveront de grands avantages et le moyen d'acquérir la position dont ils sont dignes, et la littérature des améliorations et un progrès immenses.

Paris. — Imp. de P. Baudouin, rue Mignon, 2.

ESQUISSE HISTORIQUE

DE LA

RÉVOLUTION DE 1830

Jusqu'en 1840,

Par Jacques Froment.

O navis. . . . fortiter
occupa portum.

Livraison.

Paris,

AU BUREAU DU PANTHÉON DE L'INTELLIGENCE,

DE LA LITTÉRATURE, DES SCIENCES ET DES ARTS,

Rue Saint-André-des-Arcs, 16.

1840.

INTRODUCTION.

§ I.

Aperçu Philosophique.

Nous sommes à une époque où tous les partis invoquent la vérité, la justice, la légitimité, la raison, la liberté. Différant dans les détails et l'application, ils revendiquent tous ces mots et ces principes comme inhérens à leur cause seule et comme leur drapeau ; et pourtant, puisqu'ils arrivent à des conséquences diverses, la plupart se trompent.

Dans cet état de choses, il n'est nullement déplacé d'expliquer le sujet de la controverse : car c'est là le différend qui perpétue la lutte douloureuse qui existe entre les partis, et empêche que toutes les forces nationales convergent vers un même but, ce qui est un résultat déplorable et désastreux.

Il m'est arrivé de rencontrer quelquefois parmi les esprits d'élite, plus souvent parmi les esprits semi-éclairés, des personnes qui se disaient libérales, démocrates et avides de liberté, et qui n'en savaient pas même donner une bonne définition. Selon les uns, la liberté est une indépendance absolue de tout frein, de toute obligation , de tout lien social , une tolérance large et commode, un *laissez-faire*, un *laissez-passer* indulgent et miséricordieux ; selon les autres , moins nombreux heureusement , la liberté autorise chacun à s'abandonner à ses penchans , à ne suivre d'autres règles que les caprices de sa volonté , à festoyer la vie et à la passer dans les plaisirs et la volupté , sans se préoccuper l'esprit de lois, de droits et de devoirs.

A ceux-là , il est facile de démontrer la gravité et l'évidence de leur erreur. Il n'y a qu'à leur dire que cette manière de vivre, sans lien social , sans obligation , avec une tolérance et une indulgence absolues , est une véritable tyrannie. Car , quoi , faut-il leur dire , vous demandez la liberté ! mais le tyran , le despote , que vous voulez renverser , conforme son existence à vos maximes ! Quoi donc, voudriez-vous détrôner celui qui est votre meilleur sectateur, votre disciple le plus zélé ! En vain repliqueront-ils qu'ils ne prétendent point préconiser une dissolution si complète , que leur doctrine est plus douce et plus bienveillante ; je leur répondrai que la tyrannie au petit pied, que l'injustice sur une petite échelle ne sont pas plus soutenables en théorie qu'en pratique. Ce sont des mots puissans en ce siècle que les mots de justice et de liberté. Tant mieux ! qu'au moins en ces temps de doute , d'insoucience , d'hésitation , il reste quelque fil pour nous tirer du labyrinthe ! Les amis de l'humanité doivent s'en emparer comme d'une planche de salut.

Celui qui prononce les noms de justice et de liberté, fait acte de croyance, et renie, souvent à son insu , les fatales doctrines du pyrrhonisme et du matérialisme. Car, pour défendre la cause de la liberté , il est nécessaire d'avoir une base , un principe qui lui serve de piédestal; mais si vous professez le doute universel, vous n'avez pas la moindre objection à opposer à l'iniquité qui vous frappe, vous n'avez pas plus de raison et de logique à opposer que ce pyrrhonien qu'un philosophe ancien frappait à coups de bâton pour lui démontrer l'existence. Parce que vous réclamez la justice , parce que vous demandez la liberté, vous reconnaissez que l'injustice et l'oppression sont possibles et qu'elles vous atteignent ; vous reconnaissez que la justice et la liberté ont des conditions sans lesquelles elles ne sauraient exister. En croyant à l'injustice et à l'oppression , et il vous est facile d'y croire si vous y êtes sujets , vous faites acte de croyance à la justice et à la liberté.

Que penseriez-vous d'une machine qui , après avoir exécuté un mouvement , en produirait un second tout opposé détruisant les effets du premier , et toujours ainsi de suite , de manière qu'elle ne produisît qu'un emploi bizarre et inutile de la force, paralysant les effets de la force ? On en conclurait évidemment que l'ouvrier fabricateur n'a eu aucun but ou qu'il n'a pas su l'atteindre. Mais, tout au contraire , quand on voit une machine travaillant comme une intelligence et remplisssant le but pour lequel elle a été construite , alors on admire les beaux résultats d'une habile combinaison , on reconnaît qu'elle a été inventée et fabriquée selon certaines lois physiques.

En voyant tous les partis de l'univers concourir au même but, exécuter des mouvemens réguliers et ordonnés, et s'acquitter de leurs diverses fonctions comme des ouvriers intelligens , on est forcé d'avouer qu'elles se conforment aux prescriptions de certaines lois physiques,

En contemplant un empire bien ordonné, où l'égalité, la justice et la liberté sont toute-puissantes,
où les citoyens sont vertueux et heureux, où l'injustice
et le crime sont de rares exceptions, on est obligé de
convenir que le gouvernement et la vie sociale d'un
tel empire sont le résultat de l'observation de certaines
lois morales.

A la vue d'un homme vertueux, bon citoyen, bon fils
bon époux, bon père, bon ami, auquel personne n'a un
reproche fondé à adresser, on est convaincu qu'il n'agit
pas au hasard et selon ses seules passions, mais qu'il
règle sa conduite sur la mise en pratique de certaines lois.
Ce n'est donc pas une chose vaine que cette puissance
qui fait mouvoir régulièrement une machine et l'univers,
qui règle une république et la conduite d'un homme.

A la vérité on peut objecter que tout cela est un produit
du hasard ; car il y a bien des gens qui couvrent de ce
nom commode leur ignorance et leur mauvaise foi. Mais
on n'infirme rien avec un tel argument : car le mouvement
de l'univers pourrait n'être pas normal ; il y a des machines mal construites ou qui se détraquent ; il est des
empires mal ordonnés, et des hommes dont la conduite n'est pas régulière. C'est donc la loi qui met toutes
ces choses en ordre, et l'absence de cette loi les prive de
cet ordre, fruit de la loi.

Je sais bien qu'il est aisé de me faire des objections
captieuses et même embarrassantes ; mais, comme je suis
sûr de ma bonne foi et de ma conscience, je me conten-
terai de l'approbation des personnes de bonne foi et ne
m'embarrasserai pas des arguties sophistiques.

La loi est la source de tout mouvement utile et bien
ordonné, de toute action bonne, de toute intelligence,

de tout bien, de toute louange et de tout mérite.

On appelle loi toute proposition conforme à la vérité : *Deux et deux font quatre, les trois angles d'un triangle sont égaux à deux droits*, voilà deux lois physiques; *les devoirs des hommes entr'eux reposent sur l'égalité et la réciprocité*, voilà une loi morale.

Une loi véritable est absolue; on ne peut la contredire rationnellement, la contester, l'infirmer, ou la nier par une affirmation opposée. Il n'est pas de puissance au monde capable de la détruire, ou de la changer. Imaginez le pouvoir le plus élevé possible, il ne saurait renverser une vérité absolue, car sans cela il pourrait l'absurde, et il ne resterait point de principe de certitude, point d'appui pour l'intelligence, ou plutôt point d'intelligence. Car qui forme l'intelligence et le génie, si ce ne sont quelques principes sûrs et incontestables, si ce n'est la compréhension et l'observance de quelques lois?

Il est des esprits turbulens, extravagans et ignorans, qui considèrent la soumission aux lois de la vérité comme une sorte d'esclavage, et qui voudraient débarrasser l'intelligence de tout frein et de toute obligation. Ils ne comprennent pas qu'ils souhaitent par là un chaos informe et inextricable, ou plutôt le néant : car sans loi il n'est que le néant. Toute essence, toute existence, toute action est le produit de quelque loi. L'animal déraisonnable lui-même n'existe que par l'observation instinctive de quelque loi. C'est parce que l'être raisonnable est astreint à un plus grand nombre d'obligations et de lois, que son intelligence est supérieure, sa perfection plus grande. Dès qu'on parvient à comprendre une vérité nouvelle, l'intelligence fait un progrès, et la perfection augmente, si on y conforme exactement sa conduite. Pour concevoir un être parfait, il faut le concevoir comme connaissant tout, comme pouvant tout par conséquent, hors l'absurde, comme ne pouvant se tromper. La perfection infinie, au-dessus de laquelle il n'est aucune possibilité de mieux, est le produit de la connaissance de toutes les lois de la vérité et de la soumission à toutes leurs prescriptions : à mesure que la connaissance et la soumission diminuent, la perfection diminue aussi, ou plutôt elle n'existe plus ; elle est remplacée par une vertu et une bonté inférieures, et en descendant cette échelle par degrés jusqu'à l'être qui n'a rien et ne produit rien par lui-même, on arrive à la matière dénuée d'intelligence, mais obéissant à quelque loi. Ensuite, si l'on essaie de se figurer quelque être qui ne soit sous la puissance d'aucune loi, on comprend que cette supposition n'est que le néant, rien, l'impossible.

C'est une manière absurde d'émanciper l'homme que de vouloir l'arracher à l'obéissance à la loi ; l'être le plus fort, le plus puissant, le plus vertueux, le plus libre, est celui qui connaît et qui observe le mieux la loi. La véritable liberté est la soumission complète à la véritable loi ; l'esclavage est la sujétion à la loi fausse. Les devoirs véritables sont peu nombreux et faciles, parce qu'ils sont la conséquence d'un petit nombre de vérités claires et précises ; les devoirs faux sont infinis parce qu'ils sont la conséquence d'un nombre de passions sans frein et sans fin, de gouvernans indéfinis, de mensonges dont la quantité est incalculable. Pour fuir le joug de la loi qui a peu de prescriptions, vous retombez sous le joug du mensonge qui a d'autant plus de commandemens qu'il n'en a pas de véritable et de déterminé.

L'être intelligent ne saurait se plaindre d'obéir aux

lois de son intelligence , aux lois qui font qu'il est intelligent ; c'est méconnaître l'intelligence que de méconnaître
les lois , les conditions de l'intelligence.

Je déplore qu'il existe encore quelques personnes, surtout parmi les jeunes gens, qui regardent la *liberté* comme
un privilége de s'abandonner aux penchants faciles de
toutes leurs passions. La plus grande liberté consiste , au
contraire , dans la connaissance et l'observance de toutes les
vraies lois. Car si vous réclamez quelque *droit* , il est nécessaire que vous puissiez montrer une loi éternelle et im-
prescriptible, et dire : *voilà le principe de mon droit,
voilà une loi que les faits et les injustices des hommes
ne sauraient abolir ou infirmer*. La loi est la règle:
sans règle , tout est obscur, rien n'est certain , toute
démonstration est impossible ; c'est donc la règle qui est
la source de la liberté , qui en est le piédestal ; en rappor-
tant tout acte à la règle , on peut dire voilà un acte juste
ou injuste, un acte de liberté ou d'oppression. La loi est
donc la source de toute vertu , de tout bien , de toute intelligence , de toute liberté et, de même, de tout vrai
bonheur.

Maintenant, nous avons à remarquer que la loi est par
elle-même un principe sans vie, sans force, sans mouvement, sans action et sans puissance; c'est un axiôme qui n'a
pas besoin de démonstration, sa seule énonciation suffit.
Toutes les vérités physiques ne produiront pas un atôme ni le
plus léger mouvement ; toutes les vérités morales ne produiront pas la plus légère action , la moindre vertu. La
vérité , livrée à elle-même , est aussi impuissante que le
mensonge. Cette proposition , *les trois angles d'un
triangle sont égaux à deux droits* , ne sera , par elle-
même , la cause d'aucun effet dans le monde physique ;

et celle-ci, *les devoirs des hommes entre eux con-
sistent dans la légalité et la réciprocité*, ne causera
pas par elle-même le moindre effet dans la société.

Pour que la loi produise son effet, il faut qu'une intelligence vivante et animée la comprenne et la mette en
mouvement, en action, et en tire la puissance qu'elle
recèle. La vapeur, par exemple, avait de tout temps des
lois de force et de puissance, mais ces lois sont restées
stériles tant que l'intelligence humaine ne leur a pas
donné l'impulsion et l'emploi qui étaient en elles ; tous
les jours l'intelligence humaine découvre de nouvelles lois
sans application jusqu'alors, auxquelles elle communique le pouvoir dont elles sont susceptibles.

Les lois, que les hommes connaissent, nous les voyons
tous les jours employées par les hommes ; et tout ce que
les hommes font et produisent est la mise en action de
quelque loi physique ou morale.

Mais nous voyons aussi des effets dont nous ignorons
les lois ; tout acte est un produit de l'intelligence, or,
puisque des lois sont exécutées sans l'intelligence humaine,
il est évident qu'une intelligence supérieure les met en
exercice. Il serait absurde de dire que des lois, principes
abstraits, agissent par elles-mêmes. J'aperçois dans l'u-
nivers une vie, une puissance, un ordre, qui sont produits par des lois ignorées de l'intelligence humaine :
donc elles sont mises en action par une intelligence supérieure ; par cela seul, est démontrée l'existence d'un être,
d'une intelligence et d'une puissance complètes, domi-
nateurs de l'univers.

Cette démonstration, que je n'ai vue nulle part, est
pour moi d'une évidence mathématique, et elle le sera
aussi pour les esprits raisonnables et droits. Je sais bien

qu'il n'est pas de vérités, si bien démontrées, auxquelles les sophistes ne trouvent des objections plausibles et embarrassantes; mais , si j'écrivais ou si je disais des paroles qui ne dussent être entendues que par les esprits misérables qu'on appelle des *sophistes*, je briserais ma plume ou je ne voudrais de ma vie faire un syllogisme.

Il est impossible de comprendre le mouvement sans action, sans impulsion, sans volonté. « Je la vois (la ma-
« tière) tantôt en mouvement et tantôt en repos (1) , d'où
« j'infère que le repos ni le mouvement ne lui sont essen-
« tiels ; mais le mouvement, étant une action, est l'effet
« d'une cause dont le repos n'est que l'absence. Quand
« donc rien n'agit sur la matière, elle ne se meut point ,
« et, par cela même qu'elle est indifférente au repos et au
« mouvement, son état naturel est d'être en repos. »

Un corps inanimé et inerte ne saurait se mouvoir de lui-même, sans cela il ne serait plus matière inerte et passive, mais bien agent vivant, ayant une volonté et une intelligence. Un être entièrement passif ne peut rien produire. Pour produire un mouvement, il faut en connaître les moyens, les lois, avoir en soi-même la force de le communiquer, calculer le degré de force nécessaire , la durée, son résultat, et toutes ses conditions; cela suppose une volonté et une intelligence.

« Les (2) premières causes du mouvement ne sont point
« dans la matière ; elle reçoit les mouvemens et les
« communique, mais elle ne les produit pas ; plus j'ob-
« serve l'action et la réaction des forces de la nature,
« agissant les unes sur les autres, plus je trouve que
« d'effets en effets, il faut toujours remonter à quelques
« volontés pour première cause; car supposer un progrès

(1 et 2) Rousseau. *Confession du vicaire Savoyard.*

« causes à l'infini ce n'est point en supposer du tout. »

On m'objectera que les objets matériels renferment en eux-mêmes une force attractive et répulsive, une force d'expansion et d'absorption ; mais puisque cette force n'est pas produite par eux, puisqu'ils n'en ont ni la conscience, ni la volonté, ni la compréhension, cela ne prouve que mieux qu'une intelligence, en dehors d'eux, est la cause de cette force.

Pour produire un mouvement, il faut que l'agent le comprenne, lui et ses lois. Qu'on me dise que les bêtes font des mouvemens sans intelligence, qu'est-ce que cela prouve ? sinon que les bêtes ne sont pas agens libres, intelligens, actifs par eux-mêmes, et qu'ils sont des machines agissant sous l'influence d'une autre volonté et d'une autre intelligence. Sans doute que les bêtes ont en elles un principe plus actif, plus puissant, plus propre que la matière inerte ; mais parce qu'elles n'ont pas la conscience de ce principe, qu'elles n'en connaissent pas toute la puissance, qu'elles ne la développens pas et ne la perfectionnent pas, on doit en conclure qu'elles n'ont pas l'intelligence et la volonté d'un être libre, et que, par conséquent, dans l'usage instinctif de ce principe, elles sont l'instrument d'une volonté étrangère.

Il n'y a pas dans le monde un seul mouvement qui ne soit l'effet d'une volonté, d'une intelligence. Car le mouvement, quel qu'il soit, est l'effet de quelque loi, et aucune loi n'est exécutée que par une intelligence. La loi, chose abstraite et sans vie, ne saurait être exécutée par elle-même ; elle ne pourrait non plus l'être par une essence matérielle et inerte. Dire mouvement c'est dire action, c'est dire vie, c'est dire intelligence. Car, que vous m'objectiez que le mouvement d'un objet matériel est produit par un autre objet matériel, je demanderai à mon tour qui a communiqué le mouvement et la force à ce dernier et vous aurez beau remonter jusqu'à l'infini, il vous faudra toujours une première cause motrice intelligente. Dire qu'il est des objets en mouvement qui n'ont ni l'intelligence, ni la conscience de ce mouvement, ni de ses lois, ni de ses effets, c'est dire que ces objets sont des machines sous l'empire d'une volonté étrangère. Dire que des corps inertes ont un mouvement de rotation, d'expansion et d'absorption ou autre, sans en avoir le sentiment ni la conscience, dire que les bêtes exécutent des mouvements, sans avoir l'intelligence complète de leurs lois, de leur principe, de leurs causes et de leurs effets, c'est dire évidemment que ces mouvements sont produits en eux par une intelligence qui leur applique la loi Car le mouvement est une manifestation de la loi, et de l'intelligence par conséquent.

La loi est le principe le plus puissant de l'univers, puisque c'est par elle que le bon et le beau s'accomplissent. Dieu est, si je puis m'exprimer ainsi, la loi vivante, la personnification de la loi, l'essence animée de la loi. On comprend que la toute-puissance de Dieu ne peut aller jusqu'à l'absurde, puisqu'il ne saurait se tromper. En effet, si la loi vivante pouvait porter atteinte à elle-même, elle pourrait se suicider et ne plus exister.

Quand on dit que Dieu est forcé d'obéir à la loi, cela semble diminuer sa puissance aux yeux des esprits médiocres ; et en effet, cette soumission paraît affaiblir son omnipotence. Si Dieu était en effet vassal d'un principe abstrait, il ne serait pas omnipotent ; mais en obéissant à la loi, Dieu n'obéit qu'à lui-même, il ne fait que suivre sa propre volonté, puisqu'il est lui-même la loi, puisque Dieu et la loi sont une même essence, une identité parfaite.

La manifestation de la loi ne saurait être produite que par une intelligence, et une intelligence ne peut être qu'immortelle. Car un être qui a participé à une partie de la puissance divine, qui a exercé la loi, source de tout bien, ne peut rentrer dans le néant. Un principe vivant, qui a mis en mouvement un principe immortel, ne peut mourir : car il serait absurde de dire que l'essence qui a dominé la loi, essence éternelle, peut être anéantie, et qu'une puissance mortelle a exercé une puissance immortelle.

Voici comment un des plus grands génies des temps modernes prouve l'immortalité de l'âme (1) :

« 1. L'âme de l'homme est un être dont quelque action est la pensée ;

« 2. Un être dont quelque action est la pensée est une chose immédiatement sensible, sans aucune imagination de parties.

Car la pensée est une chose, 1. Immédiatement sensible, puisque l'âme, sentant qu'elle pense, est immédiate à elle-même. 2. La pensée est une chose sensible sans aucune imagination de parties. L'expérience le montre clairement ; car la pensée est ce *je ne sais quoi* que nous sentons, quand nous sentons que nous pensons. Mais quand nous sentons, par exemple, que nous avons pensé à Titius, nous ne sentons pas seulement que nous avons eu dans l'esprit l'image de Titius, qui sans doute a des parties (car cela ne suffit pas pour la pensée, puisque nous avons des images dans l'esprit, même quand nous n'y pensons pas) ; mais nous sentons de plus que nous avons fait attention à cette image : or, dans l'imagination de cette attention faite, nous ne découvrons aucune partie.

« 3. Un être dont quelque action est une chose immédiatement sensible, sans imagination de parties, est un être dont quelque action est une chose sans parties.

(1) Leibnitz, *Confessio Naturæ*, tome Ier, pag. 3.

Car une chose qui est immédiatement sentie, est toujours telle qu'on la sent effectivement. La cause de notre erreur, quand nous y tombons, est nécessairement dans le moyen ou *médium* dont nous nous servons; car ce qui est l'objet du sentiment ne peut être cette cause, autrement cet objet serait toujours faussement senti. Cette cause d'erreur ne peut être non plus le sujet dans lequel le sentiment réside, autrement le sujet sentirait toujours faussement.

« 4. Un être dont quelque action est une chose sans parties est un être dont quelque action n'est pas un mouvement ;

Car tout mouvement a ou suppose des parties, ainsi qu'Aristote l'a démontré et que tout le monde le confesse.

« 5. Un être dont quelque action n'est pas un mouvement est un être qui n'est pas un corps ;

Car toute action du corps est un mouvement : la preuve en est que toute action d'une chose est une variation de son essence ; or l'essence du corps est d'être dans l'espace ; la variation de l'existence dans l'espace est un mouvement : donc toute action du corps est un mouvement.

« 6. Tout ce qui n'est pas corps n'est pas dans l'espace;

Puisque la définition du corps c'est d'être dans l'espace.

« 7. Tout ce qui n'est pas dans l'espace n'est pas mobile ;

Car le mouvement est un changement d'espace.

« 8, Tout ce qui n'est pas mobile est indissoluble ;

Car la dissolution n'est que le mouvement dans quelque partie.

« 9. Tout ce qui est indissoluble est incorruptible ;

Puisque la dissolution n'est qu'une dissolution intérieure.

« 10. Tout ce qui est incorruptible est immortel ;

Car la dissolution est la corruption d'un être vivant, ou la dissolution de cette machine par laquelle cet être paraît se mouvoir.

« Donc l'âme humaine est immortelle : ce qu'il fallait démontrer. »

Il est impossible de douter de l'intelligence et de l'âme humaines, parce que la physionomie humaine, son regard, ses yeux, sa voix, son sourire, ses traits empreints de spiritualisme, de puissance et de dignité, révèlent une vitalité morale que la matière inerte ou animée ne saurait jamais reproduire seule. La physionomie humaine porte heureusement plus les signes caractéristiques de l'intelligence que ceux de la matière animée.

Les matérialistes ni les partisans des idées innées ne sont pas dans le vrai. Il est certain que nos sens sont l'occasion de toutes nos idées : car soutenir qu'il y a des idées *innées*, n'arrivant pas à nous par nos sens, c'est la plus singulière aberration de l'esprit humain. Comment concevoir qu'un enfant sans intelligence, sans même la conscience de son être, puisse avoir quelque idée? Qu'est-ce qu'une idée dont on n'a pas la perception et l'intelligence, qu'on possède sans le savoir et sans s'en douter? Gît-elle dans la tête comme un objet matériel, comme un fœtus informe qui attend le développement de ses organes et la commotion électrique d'une sensation pour se réveiller à la vie? Mais le principe pensant n'est pas dans l'ouïe, la vue, l'odorat, le goût et le toucher : je ne pense pas dans mes mains, dans mes bras, dans mes jambes, dans mon buste. Les sens sont la causalité première de la pensée, mais non la causalité unique, mais non le sanctuaire. Au-dessus des sens, il est en nous un laboratoire des sensations, des idées, des connaissances, qui perçoit les sensations, les compare, les calcule, les façonne, les arrange, les dispose, les perfectionne, les analyse, les généralise et les transfère en pensées qu'il arrange comme dans un magasin. Et pourtant ce laboratoire n'est pas un sens ; c'est une faculté qui échappe à l'analyse, faculté innée, qui se développe par l'expérience sensitive, et qu'on appelle expérience ou âme. « Les sensations, dit Bossuet, n'appartiennent point aux « objets mêmes, ni organes ; mais ce sont choses qui « appartiennent à notre âme. Un sens intérieur et commun « compare leurs impressions, et en forme un faisceau. »

L'esprit de l'homme est de nature indivisible : il est impossible de le concevoir partagé en deux, trois ou quatre parties. Coupez à un homme les deux bras, les deux jambes, crevez-lui les yeux, rendez-le sourd et muet, cul-de-jatte, ce tronc mutilé aura conservé encore sa faculté de penser. Puisque, dans un corps divisé, l'intelligence et la pensée existent, ce n'est donc pas le corps qui pense, c'est l'âme, et l'âme distincte du corps.

« Quand je me suis étudié moi-même, dit Bonnet « dans son *Essai analytique*, je n'ai pu me rendre « raison de la simplicité du *moi*, dans la supposi« tion que l'âme fût matérielle. J'ai cru voir distincte« ment que ce *moi*, toujours *un*, toujours *simple*, tou« jours *indivisible*, ne pouvait être une modification de « la substance étendue, j'ai donc admis l'existence d'une « âme matérielle pour satisfaire à des phénomènes que « je ne pouvais expliquer sans elle. »

L'unité sensitive, le moi individuel, est indivisible : l'idée ne peut en venir des sens formant des parties étendues, distinctes et divisibles, et ces parties elles-mêmes ne font point cet être sensitif, intelligent, indivisible et pur, dont nous avons la conception si nette et si pure.

Ce qui prouve l'existence de l'âme , c'est que nous avons des idées que les sensations ne sauraient donner , comme le parfait, l'infini , l'éternel, le temps , l'espace. Car ces vérités fondamentales , éternelles , immuables , parfaites, ne peuvent venir de la sensation des organes altérables , imparfaits et matériels.

L'imparfait conduit bien l'esprit à l'idée du parfait , le fini à celle de l'infini, le temporel à celle de l'éternel, l'espace borné à celle d'une étendue infinie, l'intelligence finie à celle d'une intelligence infinie , comme la fraction nous donne l'idée de l'entier ; mais ces idées incommensurables, immenses, ne peuvent être le travail d'organes matériels, bornés et périssables; mais la conception d'une intelligence immortelle , indéfiniment perfectible et aspirant sans cesse vers la notion de l'absolu dont elle n'a qu'une image confuse et quelques fractions.

La vie d'ici bas serait la plus cruelle dérision , la plus injuste déception , si l'immortalité de l'âme et une autre vie ne devaient consoler et dédommager les âmes justes , souffrantes ou opprimées en ce monde , et punir par l'expiation les oppresseurs et les pervers. Dieu se serait joué des intelligences humaines, s'il les avait livrées à l'inégalité et aux erreurs de la justice de la société, s'il ne les avait créées que pour les abandonner au jouet d'une courte existence , initiation douloureuse au perfectionnement , voie à la connaissance de la loi et à son accomplissement par la souffrance et par les larmes. La puissance, la loi , la vérité , la justice par excellence ne pourraient être injustes à ce point sans porter atteinte à son essence : car dire que Dieu se trompe , dire qu'il veut l'injuste , c'est dire qu'il est imparfait , c'est plutôt nier l'existence de Dieu.

Tous les objets matériels et inanimés existent et fonctionnent par des lois indépendantes d'eux, qu'ils ne connaissent en aucune manière; ils ne contribuent nullement par eux-mêmes à l'ordre, à la beauté, à la perfection qui attirent notre étonnement ou notre admiration. Quel motif de louange ou de blâme peut-il exister pour une masse inerte? Quel homme sensé s'avisa jamais d'attribuer du mérite à quelque objet, parce que la beauté de ses formes, la justesse et l'élégance de ses proportions sont agréables à la vue? Agréables ou désagréables, beaux ou repoussans, ils ne sont pas plus susceptibles de louange que de blâme; il n'y a eu en eux ni vice, ni défaut, ni vertu qui leur soient propres, parce qu'ils sont entièrement passifs et ne sont rien par eux-mêmes. Terre, pierre, bois, or, argent, diamant, pierre précieuse, qu'est-ce que tout cela au-fond, quoique nos passions et nos conventions y attachent un grand prix? S'ils ont une valeur, elle n'est pas un mérite pour eux, elle est indépendante d'eux : car que serait-elle, si aucun esprit n'était là pour en tenir compte?

Quoique les bêtes, en raison de leur force et de leur activité corporelles, aient une puissance plus forte que la matière inerte, toutefois cette puissance étant dénuée d'intelligence et de la vivification de la loi, ne constitue pas un mérite. On ne s'avise pas de complimenter un éléphant sur sa grandeur, ni un lion sur son agilité et sa force; car leurs mouvemens sont instinctifs chez eux, circonscrits dans le même cercle toujours répété, et ne sont pas susceptibles de perfectibilité et de progrès. On peut dire qu'en eux le mouvement n'est pas plus méritoire que le repos.

Si la matière existait seule dans le monde, si les bêtes

existaient dans un univers dénué d'êtres supérieurs, la matière et les bêtes, avec toutes leurs beautés, seraient nulles et comme n'existant pas : le prix d'une chose n'est réel que lorsqu'une intelligence est là pour l'apprécier et en jouir. La valeur des objets ne commence que du moment que l'intelligence est là pour la voir et la constater.

Le seul être qui ait une valeur individuelle par lui-même, une valeur irrélative, c'est une intelligence ca-capable de comprendre la loi et de l'exécuter, capable de mériter. Le vrai titre de l'orgueil de l'homme, c'est de posséder une intelligence d'un prix intrinsèque, une intelligence indépendante, qui est son propre but à elle-même, et ne doit jamais servir de moyen et de marche-pied à aucune autre. Ce n'est certes pas la forme corpo-relle de l'homme qui fait son mérite, c'est son intelli-gence. Ce n'est pas par l'essence animale, c'est par l'essence spirituelle que l'homme vaut quelque chose. On pourrait presque dire que l'intelligence est tout l'homme, la matière qui l'accompagne devant être considérée comme un accessoire hétérogène.

Mais si l'homme n'a de la valeur que par son intelli-gence, il n'a de mérite que lorsqu'il se sert de cette intelligence pour exécuter la loi. Car lorsqu'elle viole la loi, elle descend plus bas qu'au niveau de la matière inerte et des brutes, puisqu'elle démérite et que celles-ci en sont incapables. Bienfaisant et en harmonie avec la volonté divine, l'homme se rapproche en quelque sorte de Dieu en suivant la règle de la loi ; en la violant, il résiste à la volonté de Dieu, il lutte contre sa puissance, il se met en hostilité avec lui, et trouble l'ordre et l'har-monie de l'univers : il devient un esprit malfaisant, une espèce de démon.

Nous avons dit que l'homme était une intelligence : mais ce n'est pas seulement l'intelligence qui lui donne tant de supériorité sur la matière ; où en serait l'utilité , si elle était réduite à une contemplation éternelle et infinie , sans la possibilité d'en faire aucun usage ? Mais nous possédons encore deux autres facultés : *vouloir* et *agir*.

Nous sommes donc destinés par la nature de notre être à produire des actions , et c'est là la condition , le complément de notre existence. Ce n'est donc pas une intelligence inerte et remarquable comme un phénomène curieux , c'est une intelligence nécessairement active , puisque , êtres animés , nous sommes forcés d'agir pour notre conservation, et que notre raison nous sert en cela même d'instrument.

Mais une remarque, qui n'est pas à dédaigner , c'est que les objets de nos connaissances nous sont fournis par la nature ; c'est là le type que nous devons copier , que nous ne pouvons changer ni modifier , et dont nous sommes obligés de suivre les lois. Les actes de notre volonté sont au contraire des produits réels ; c'est la manifestation de notre essence , de notre liberté, manifestation continuelle qui nous donne une conviction permanente et ineffaçable de notre volonté et de notre conscience.

Nous n'agissons pas comme une machine mue par une force étrangère , nous ne sommes pas les instrumens aveugles d'une autre puissance , mais bien le principe de notre activité , les agens de notre propre volonté , de nos propres délibérations. C'est nous seuls qui voulons et qui agissons ; les principes de notre volonté sont en nous et partent de nous. Nous commandons et nous obéissons. Nous avons le mérite du choix et de l'action. Le principe de notre activité est absolument libre , puisqu'elle part de notre volonté. En vain objecterait-on que notre liberté n'est pas complète , puisque nous sommes tenus de respecter des lois physiques et morales : mais c'est une folie de regarder comme des obstacles les lois, les conditions de notre intelligence.

Puisque nous sommes intelligens , puisque nous sommes libres , nous sommes responsables de nos actes : nous sommes justes ou injustes , bons on méchans , selon que nous observons ou que nous transgressons les lois morales. Toutefois quand nous errons par ignorance , si notre ignorance n'est pas elle-même notre faute , notre culpabilité est moindre et facilement pardonnée par le suprême Rénumérateur.

La loi , la vérité doivent toujours être notre drapeau.

En résumé, la valeur de l'homme ne consiste pas dans sa perfection et sa force corporelles, dans sa naissance , dans son rang , dans sa richesse , dans son or , dans son équipage , dans l'élégance de sa mise , dans la grâce de sa tournure ; ces faibles avantages-là sont presque propres à tout le monde ou d'un usage facile.

Si vous me vantez le mérite d'une personne , je la dépouille de ses grâces corporelles , de son luxe , de sa parure , de son faste , de tout son entourage d'orgueil et de vanité : et souvent , dans l'individu que vous offrez à mon admiration , je ne trouve qu'un sot, ou un pervers qui a moins de prix que tout le clinquant qui l'affuble. Mettez-moi une blouse sur les épaules de ce faquin , dont les singeries sont un sujet d'admiration pour les niais , et alors toisez son mérite , s'il en reste.

Tout le mérite de l'homme est dans son intelligence , dans sa moralité, dans sa vertu : le reste est peu de chose.

Pour point de comparaison, choisissez l'homme qui approche le plus de la perfection, prenez Socrate, courant sans cesse à la recherche de la vérité, modeste en sa science, suspendant sagement son jugement où l'évidence n'est pas entière, aimant ses semblables, n'ayant de mépris pour aucun, plaignant les méchans, travaillant de toutes ses forces au bonheur des hommes, en leur enseignant la vérité et en leur prêchant la vertu, scellant ses enseignemens de sa mort, et mourant pour la belle cause de la vérité et de la justice. Voilà certes la vertu dans toute sa beauté et dans tout son éclat. D'autres l'ont imité avec plus ou moins de succès : tels sont Guillaume-Tell, Fénélon, Penn, Washington, Francklin, Adams et bien d'autres grands hommes qui ont rendu d'éminens services à l'humanité.

Ce sont là des types rares, et le commun des hommes est loin d'un tel mérite. Mais au moins, tant qu'un homme cultive son intelligence, tant qu'il tend à la vertu, tant qu'il fait servir la perfection de sa raison à la perfection de son moral, il est encore digne d'estime et d'approbation.

Mais lorsqu'un individu n'a de passions que celles de ses appetits sensuels et brutaux, quand il se fait un Dieu de l'or, il ne reste plus de place chez lui pour les sentimens nobles et généreux : ne lui demandez pas la philantrophie, l'amitié, l'amour, la vertu, il en est incapable, le malheureux ! Un tel être est un fardeau pour la société ; fuyez-le, et plaignez-le. Je vous plains vous-même, si vous avez donné votre amitié à un tel individu, ou si quelque relation de parenté ou d'affaires vous le jette sur les bras ; car il est sans reconnaissance pour les bienfaits et les bons procédés, et pendant que vous ferez des sacrifices pour lui être utile, il vous méprisera dans son cœur. Voilà l'égoïste.

Dans la première jeunesse, on n'a pas la conviction de ces vérités ; l'expérience les apprend, mais elle est souvent douloureuse. On croit que les gais compagnons, sans amour pour la vertu et la liberté, peuvent être de bons amis ; on se trompe étrangement, on est leur dupe ou leur jouet.

Ainsi, pour nous, la base de toute politique est dans ces grands principes moraux : Dieu, la loi, l'intelligence, l'essence morale de l'homme, la vérité, la justice, la raison et la liberté. L'homme n'a de mérite que par la vertu, et la vertu implique l'amour de la liberté.

§ II.

Marche de l'Humanité.

— L'homme étant l'égal de l'homme, nul être humain n'a d'autorité sur son semblable ; car personne ne peut décider, dans sa propre cause, qu'il possède la vérité, pendant que les autres sont dans l'erreur ; et aucun n'est capable de montrer un brevet de commandement, un titre d'empire et d'autorité délégué par Dieu même.

— Il est vrai que le sage et le savant paraissent être en état de décider à *priori* qu'ils sont dans la bonne voie, qu'ils connaissent les véritables lois de l'humanité, et du moins il existe en leur faveur de fortes présomptions de supériorité et d'habileté vis-à-vis des ignorans. Mais, en jetant un coup-d'œil rétrospectif vers le passé, rien n'est si commun que d'y voir l'ineptie, la sottise, l'ignorance, la présomption, se décerner des couronnes de science et de génie ; et, en un mot, rien n'est si commun que les erreurs de bonne foi elles-mêmes. S'il ne fallait qu'une prétention de savoir et d'habileté , rien ne serait si fréquent dans le monde que ces sortes de prétentions.

En principe, il n'y a que Dieu, ou la vérité, ou la *raison pure* , sans alliage d'erreur et de mensonge, qui puisse avoir une véritable autorité parmi les hommes. Or l'empire de Dieu existe; mais il est insuffisant , et il faut l'empire de l'homme sur l'homme.

La vérité ne sera jamais assez connue pour suffire au gouvernement des hommes; et d'ailleurs, par elle-même, elle n'a pas la force de contrainte nécessaire pour contenir les méchans , fût-elle brillante et lumineuse comme un soleil.

Dans l'enfance des sociétés , la raison individuelle de l'homme était trop bornée pour qu'il pût connaître et comprendre les lois de son être, de l'humanité , et en remplir les obligations. Or , en l'absence de cette connaissance , en l'absence de toute autorité coercitive, en présence des passions mauvaises qui établissent une guerre imminente entre les individus , une force de répression , de direction et de gouvernement était nécessaire , indispensable , sans quoi l'humanité fût tombée dans l'anarchie et le chaos.

Mais cette anarchie et ce chaos ne sont pas à craindre, du moins en tant que durables. Car si on considère, dans les sociétés primitives , les individus comme des corps inégaux en lutte, la force physique doit immédiatement obtenir le pouvoir ; et , dans les sociétés plus avancées , si on considère comme des intelligences inégales en lutte, la supérieure doit bientôt l'emporter et acquérir le gouvernement. Ainsi le plus fort et le plus habile usurpent aisément l'autorité.

En fait, cette usurpation ne saurait jamais constituer un droit. La vérité ne fléchit, ne change pas devant l'ignorance, la volonté dépravée et les actions des hommes. C'est pourquoi le fait n'a pas de prise sur le droit et ne peut lui faire subir aucune modification.

Le fait paraît presque toujours, au premier coup-d'œil, plus qu'injuste et arbitraire, il révolte les esprits droits et consciencieux. Toutefois, il est bien moins exécrable en réalité qu'il ne semble ; sans quoi la providence ne pourrait être justifiée.

Si l'humanité n'agissait pas toutes les fois que la raison véritable ne l'inspire pas, elle serait depuis long-temps tombée dans l'anarchie, dans le chaos, elle serait devenue inerte, elle serait morte. Pour elle, mieux vaut l'agitation mauvaise que l'impassibilité, du reste impossible. C'est pourquoi, quoique en principe les usurpateurs, les tyrans ne soient pas excusables, l'usurpation et la tyrannie sont acceptées cependant, même par les esprits rigoureux, comme nécessaires au mouvement et à la direction de l'humanité, en l'absence d'une raison saine et efficace à gouverner le monde.

Lorsque le despotisme s'établit, c'est qu'il est possible, nécessaire ; il est un besoin, et tout déplorable qu'il est, nous sommes obligés de le reconnaître comme un bienfait. Mieux vaut l'arbitraire que l'anarchie, mieux valent des mouvemens déréglés que l'inertie ; et puis, le génie d'un despote (car il faut du génie pour être despote) est très propre à réunir diverses peuplades éparses pour en faire un grand empire. Or, je préfère la Russie, toute pitoyable qu'elle est, à ces peuplades sauvages de l'Afrique qui ressemblent à des troupeaux d'animaux, croupissant dans l'ordure et la misère sous le plus beau ciel du monde. Despotisme pour despotisme, meilleur est celui qui crée une grande unité que celui qui traîne une poignée de sauvages sous son autorité imbécile et absolue, sans développement de civilisation et de progrès.

Oh! sans nul doute, le despotisme est un mal immense, mais c'est un mal nécessaire, indispensable aux nations non encore initiées aux maximes et pratiques de la liberté.

Les faits opposés au droit ne sont excusables qu'en ce sens, que les sociétés, dans leur enfance, dans leur imperfection, dans le travail laborieux et pénible de leur développement, n'ont pas en elles d'éléments de possibilité de faits meilleurs. Quand donc on vient nous dire qu'un fait a produit un gouvernement légitime devant lequel on doit se prosterner, et qu'on ne doit jamais attaquer, on prononce la plus grossière absurdité qui puisse sortir de la bouche humaine.

En effet, pour que cette prétention fût fondée, il faudrait que l'humanité fût immuable, que son premier pas eût atteint le dernier degré de progrès possible, que le gouvernement le premier établi fût l'expression de la vérité absolue, hors laquelle il n'y eût qu'erreur, anarchie et chaos. Mais certes, tout le monde le sait, cela n'est point. De son point de départ à l'époque actuelle, il y a une route immense, d'une étendue qui épouvante l'esprit. Cet intervalle est rempli d'une foule d'événemens historiques, qui trop nombreux pour que la mémoire puisse en embrasser la quotité et l'ensemble, et qui ont tous leur raison d'être. Sans doute que, si on regarde seulement à la conscience de leurs divers acteurs et à leur intelligence diverse, ils sont plus ou moins légitimes, plus près ou plus loin de la vérité, mais ils ont la plupart, du moins les principaux, leur nécessité qui n'absout pas leurs auteurs , mais qui est une étape de la raison universelle. Oh ! sans doute , cette étape est souvent douloureuse , mais il faut la franchir pour ne pas retourner en arrière. La plupart des événements historiques sont des injustices révoltantes , et les premiers sont les plus déraisonnables, les plus usurpateurs, les plus oppresseurs , mais leur iniquité est encore un bien en ce sens que le mieux était impossible. Dire que le premier événement a produit une légitimité sainte, inviolable , irrévocable c'est dire que l'humanité est immuable, que son premier pas et sa première tentative ont atteint l'apogée de la perfection et du bonheur , c'est condamner la chaîne de tous les faits postérieurs. Or je ne crois pas que personne au monde soit assez dénué de bon sens pour invoquer une telle absurdité. Dès qu'on accepte le premier événement , il faut accepter la chaîne de tous les autres.

Car le premier est le germe du second , le second du troisième, le troisième du quatrième, et ainsi de suite. Les événements sont en cela comme les générations ; la première produit la seconde, celle-ci la troisième, et de même les subséquentes. Certes, dans la multitude innombrable d'hommes sortis des générations diverses , il en est bien des méchants et des pervers , mais, la moralité n'étant qu'une conséquence de la liberté et du libre-arbitre individuel, et cette liberté étant nécessaire à la moralité , il s'ensuit que la faculté de faire le bien ou le mal doit produire des bons et des méchants. Pour avoir les premiers, il faut nécessairement accepter les seconds. Cette règle s'applique aux événements. Afin que la raison humaine puisse acquérir tout son développement, il faut qu'elle acquière de l'expérience, qu'elle se forme à l'école de la souffrance, des privations, des injustices, de l'iniquité. Il est impossible de savoir ce que sont la souffrance, les privations, l'injustice, l'iniquité, si on n'en a senti les effets; il est impossible de s'en mettre à l'abri, si on ne connaît pas tous leurs procédés, toutes leurs phases, toutes leurs formes, toute leur allure. Ainsi la plupart des faits ne sont pas légitimes, en ce sens qu'ils ne sont pas le produit de la vérité ou de la raison, mais ils ont leur excuse et leur acceptation dans la nécessité. Ils forment une chaîne dont les divers anneaux sont plus ou moins bons, mais on ne peut briser la chaîne, en adopter une partie et rejeter l'autre; car le perfectionnement de l'humanité dépend de la condition que son allure sera incessante, et la marche vers le progrès suppose un lointain plus imparfait et une allure sujette à des tâtonnements et à des déviations. Je sais bien qu'il est facile et qu'on ne manquera pas d'objecter que ce n'est pas toujours la raison la meilleure, existant dans une époque déterminée, qui imprime son impulsion à cette époque. Le fait est trop fréquent dans l'histoire pour être niable. Platon, Socrate, Jésus-Christ, Sénèque, et presque tous les philosophes, avaient une raison bien supérieure à celle qui triomphait et qui avait l'autorité de leur temps. La plupart des grands penseurs n'ont été que les précurseurs d'une ère meilleure, et n'ont pas eu l'avantage de faire jouir, dès leur vivant, le monde des fruits de leur génie. Ils ont seulement semé, et l'humanité n'a profité que, bien loin après leur mort, des produits de cette semence.

Ceci s'explique tout naturellement. Les axiomes des savants sont loin d'être des axiomes pour les ignorants, et ne sont pas même pour eux des prémisses d'argumentation. Les théorèmes de la science ont été, pendant des sciècles, inaccessibles au commun des hommes. Quelques esprits rares, seuls, sont capables d'eux-mêmes et par leur propre vigueur de découvrir la vérité, ou de la comprendre et de l'adopter. La masse est forcée de s'en rapporter à la parole d'autrui.

Dieu aurait bien pu accorder au meilleur génie de chaque époque la puissance gouvernementale. Mais remarquons bien que comme celle-ci ne saurait agir sans se heurter contre des obstacles et sans rencontrer une opposition continuelle, par le défaut de conviction et d'assentiment, il en fût résulté un inconvénient très dommageable au progrès; c'est que l'opposition qui lutte depuis le commencement du monde contre l'oppression et les empiétements d'une autorité très-imparfaite, eût lutté tout au contraire contre les essais et les efforts de la raison progressive. La raison, incomprise, eût semblé la seule tyrannie, et l'humanité guerroyant sans cesse contre elle, n'eût jamais compris où étaient le bon et le mauvais drapeau, n'eût jamais découvert la véritable route.

Il est donc avantageux que la force, l'abus de la force, le fait existant, soient le point de mire de l'opposition. Car alors, sans avoir subi aucune atteinte d'impopularité, les idées nouvelles s'élèvent pour les opprimés comme un refuge et une phase d'espérance. Et quand elles sont devenues une foi pour le grand nombre, elles obtiennent, sans avoir rien perdu de leurs prestiges, la puissance qu'elles méritent et qui leur appartient.

N'oublions jamais que la société se compose de forces diverses, luttant entr'elles; la masse et l'opposition des idées nouvelles poussant en avant le pouvoir gouvernemental et l'empêchant de s'endormir, et, avec lui, la société, dans une inertie désastreuse, et le pouvoir par sa

résistance diminuant l'effet de l'impatience irréfléchie,
arrêtant l'essor des idées fausses ou celles trop précoces ou
mal comprises, et ne permettant un pas en avant que
lorsqu'il est utile et avantageux à tout le monde.

Pour bien comprendre la marche de la société humaine,
il faut se la figurer comme une immense chambre des
députés, comme un vaste *forum*, où sont réunis tous les
individus de l'espèce pour veiller à leurs intérêts. Là, quelques-uns parlent, d'autres agissent, et la plupart écoutent,
approuvent ou laissent faire ; mais les faits comme les
paroles doivent y être considérés comme l'énonciation
d'une opinion, ou, pour nous servir de l'expression par-
lementaire, comme une *motion*. Le premier qui s'em-
pare du pouvoir, soit par l'ascendant de la parole, soit par
le triomphe ou la violence d'un fait, est le président de l'assemblée. Ordinairement son action est illégale, opposée à
tous les principes de la vérité, contraire au droit, mais
parce que la majorité laisse faire, soit qu'elle ne comprenne pas et qu'elle se laisse duper comme cela arrive
ordinairement, soit que les prestiges du génie ou du cou-
rage la fascinent, son fait s'accomplit comme s'il émanait
du droit, et il acquiert non une légalité absolue, mais
une espèce de légalité relative à l'état de la société.
L'assemblée est dupe, victime, son ignorance la rend
passive : elle n'approuve pas, parce qu'elle ne comprend
pas, mais elle accepte faute de voir mieux. Elle se place
à la suite d'une direction quelconque, la plus mauvaise
peut-être qui puisse exister, le despotisme au premier
degré ; mais enfin cette direction c'est la vie, c'est l'action, c'est le mouvement. Il faut que la société se mette
en branle, qu'elle sorte de l'inertie et de la torpeur,
qu'elle fasse des efforts pour arriver à son but. Son pré-

sident la trompe sur ce but , lui fait parcourir des circuits
et des lieux escarpés , mais enfin elle marche , elle se
remue , elle veut. Sa volonté est le garant de son avenir
et de son progrès ; car on peut égarer sa volonté , la four-
voyer , non la corrompre ; elle ne demande qu'à connaître
ses fautes et ses erreurs pour les rectifier. L'impulsion
qu'on lui donne , quoique fausse ou mauvaise, n'en est
pas moins bonne et utile en ce sens qu'elle est le premier
pas de la société. C'est le mouvement de l'humanité , mal
compris et mal dirigé , mais acceptable , mais progressif ,
parce qu'elle ne saurait encore rien produire de mieux.

N'oublions pas un vrai principe politique , c'est que
tous les faits humains sont le produit de la raison humaine. Je sais bien qu'on m'objectera que la société ,
dans ses commencements, possède peu de citoyens actifs,
délibérans, et que le grand nombre est passif , incapable
qu'il est de rien entendre aux questions sociales et surtout aux questions fondamentales.

Mais en l'absence d'une raison populaire, universelle,
une raison individuelle obtient l'empire. Que ce soit un
tribun ou un dictateur, dès que les individualités seules
prévalent, c'est toujours la même chose. Puisque ce n'est
qu'une question de personnes , il vaudrait autant tirer au
sort que de choisir; le choix inhabile étant même pire que
le hasard. Tant que l'assemblée ne sera pas éclairée,
le gouvernement des Présidents ; soit électifs , soit héré-
ditaires , sera une alternative de bien et de mal , un va-
et-vient de bon et de mauvais, une oscillation de gauche à
droite et réciproquement. Quand la direction sera bonne,
cela ne sera pas une conquête définitive , et le mal ne
sera pas refoulé pour jamais. Après avoir eu un Charle-
magne et un saint Louis, cela n'empêchera pas que plu-

sieurs siècles après , un Charles IX ne vienne imposer son ineptie et ses fureurs.

En effet , aucun principe n'est solidement établi tant que la majorité n'a pas une volonté, et la volonté suppose la raison et l'intelligence des affaires du pays. Tant qu'il n'existe pas dans l'assemblée une majorité éclairée et compacte , il n'y a que des tiraillements individuels et opposés qui se neutralisent et s'annihilent au profit des ambitions habiles. Un homme de génie ou de talent n'a pas de peine à dominer , par sa volonté ferme et inébranlable , toute cette tourbe aveugle qui s'agite confusément.

Quand donc le président s'est emparé de l'autorité, il organise la force sociale en sa faveur ; son habileté et sa témérité lui avaient conquis la première place , mais la force vient à son aide pour contenir les opposans qui ne manqueront pas de surgir.

Donc , puisque la majorité de l'assemblée est incapable de comprendre la raison et de la mettre en pratique , que le peuple , assez malheureux pour ne pas avoir une volonté intelligente , ne saurait imprimer cette volonté au mouvement social , et que de ses agitations aveugles , il ne sortirait que désordre et anarchie , c'est un bien que la force vienne y suppléer et établir l'ordre. A la vérité , cet ordre s'impose violemment et non sans commettre de nombreuses iniquités ; mais la volonté du tyran le plus dépravé et le plus atroce ne saurait faire autant de mal à lui seul , que des milliers de volontés aveugles luttant entre elles , parce que la sienne a la force de l'unité et, en atteignant son but , réussit à donner une impulsion unique et à créer un ordre , au lieu que les milliers de volontés en lutte seraient aussi nuisibles , chacune à

part, que la sienne, sans compter le désordre et l'anarchie de plus.

Ainsi la force, dans les sociétés primitives et peu civi-
lisées, est chose utile et bonne par sa necessité, selon
l'adage : *minima de malis.*

Pascal a dit : « ne pouvant faire que l'homme soit forcé
« d'obéir à la justice, on l'a fait obéir à la force ; ne
« pouvant fortifier la justice, on a justifié la force, afin
« que justice et force fussent ensemble, et que la paix
« fût, car elle est le souverain bien, »

Il serait impossible de mieux résumer la question.

Toutefois, on se tromperait étrangement si on s'imaginait que la volonté d'un tyran, réunie à celle de quelques
satellites, suffît seule à gouverner la société. A certains
égards, la majorité ne laisse pas que de voter à sa manière et de donner son suffrage. Car qu'on ne le perde
jamais de vue, dans quelque sens que soit dirigée la
force, quels que soient les principes qu'elle sontienne, la
force n'en est pas moins l'expression de la majorité, le
résultat du suffrage universel. Cette majorité, il est
vrai, n'a pas la conscience de l'œuvre qu'elle accomplit,
elle n'en apprécie pas la portée, elle agit en aveugle :
mais la force est un fait incontestable, qui émane d'elle,
qui ne pourrait exister sans elle et sans sa puissante
participation. Qu'on ajoute que la société est trompée,
exploitée par des intrigans, qu'elle travaille très souvent
à son détriment ; c'est évident ; qu'on dise même que son
inertie et sa passibilité, son obéissance aveugle constituent
l'autorité de ses oppresseurs, cela n'empêche pas que la
force, qui n'est qu'en elle, ne soit un vote de sa part,
quel qu'en soit d'ailleurs le motif. C'est un acte très
mauvais de sa volonté, mais il est excellent parce qu'elle

pas encore capable d'en produire un meilleur. Comme je l'ai déjà dit, pendant que l'arbitraire et l'injustice trônent paisiblement, l'assemblée possède dans son sein des esprits d'élite, doués d'un génie et d'une raison bien supérieurs à ceux de l'autorité. Mais, dans l'intérêt du progrès, deux causes providentielles doivent empêcher leur triomphe.

La première, c'est que toute réforme, pour être stable et définitivement acquise à la société, a besoin d'être une œuvre, une conquête de la raison sociale. Car il ne suffit pas à un tribun d'écrire sur son écusson : *liberté, ordre et bonheur publics*, pour qu'il réalise ces belles promesses. Rien n'est si facile que de payer avec des mots : il est certain, l'histoire nous le garantit, que ce sont les plus atroces tyrans qui furent les plus prodigues de belles phrases et de promesses. Quand on prononce les noms de ces monstres, qui nous font horreur, il nous semble qu'ils n'eurent à la bouche que les mots de *bourreau, de sang, de prison* etc : c'est une erreur grossière, il n'y eut peut-être que Claude qui fut si explicite, et encore était-il fou à lier. La plupart étaient des hypocrites adroits à se revêtir du masque de la vertu et à flatter le peuple. Il n'a jamais régné autant de bonheur sur la terre que dans les discours et les paroles des despotes. Les tyrans qui procédèrent par la brutalité, la franchise, et l'audace de leur mauvais vouloir eurent bien peu de durée et aboutirent généralement à une fin terrible et tragique. C'est parce que malheureusement il est trop aisé de tromper le peuple par des déceptoins, qu'il a été trompé pendant si long-temps. Il sera toujours le jouet des passions et des caprices d'autrui, tant qu'il ne pourra lui-même veiller à l'administration de ses affaires. Car sans compter la perversité de la plupart des gouvernemens , il ne suffit pas d'avoir la volonté droite pour bien gérer les intérêts de la société et la marche du progrès. Rien de si commun que les princes, qui simples particuliers eussent été de bien braves gens, et qui ont été des princes exécrables parce que la charge était trop lourde pour leurs épaules.

La seconde cause, qu'il faut regarder comme providentielle, et sans laquelle la perfectibilité de l'humanité serait une chimère, c'est que les idées, suivies immédiatement du fait, eussent échoué dans l'exécution, et n'eussent pas obtenu leur résultat, n'étant ni complètes, ni entières, ni comprises, ni entourées de leurs élémens nécessaires. Essayées avant leur temps et leur maturité, elles n'eussent pu qu'avorter, et par là, nécessairement, en perdant leur avenir, compromettre le sort des idées nouvelles par leur dépréciation. Il s'en serait suivi qu'en traitant les novateurs *d'utopistes*, on aurait par la suite, renversé leurs plans et leurs principes comme on détruit des bulles de savon en soufflant dessus. Mais certes, cela n'est point et ne sera jamais. En aucun temps il ne sera donné à aucun malintentionné, à aucun tyran de perdre, par la calomnie et le ridicule, l'avenir d'une idée vraie : il pourra en retarder l'accomplissement, et, encore en cela il remplit, malgré lui et sans le savoir, l'office d'un bon cultivateur qui attend la parfaite maturité d'un fruit pour le cueillir. Il est bien important de comprendre ceci, pour comprendre l'histoire, la révolution française, et surtout le travail de progrès qui s'élabore actuellement dans le sein de la société. Il faut bien se pénétrer de cette vérité, que la véritable révolution sociale et politique qui est sur le point de s'accomplir, ne saurait être que le fait de la raison universelle, l'œuvre du peuple tout entier ; aucune individualité, aucune coterie, aucune aristocratie ne saurait la remplacer dans cette mission ; et c'est bien heureux, sans quoi l'on ferait retomber les fautes des intrigans, ou l'imprudence de trop pétulans tribuns, sur la responsabilité des doctrines sociales et on les lui imputerait ; et c'est encore plus heureux, parce que des comédiens habiles auraient fait semblant de les mettre en pratique pour y trouver des résultats désastreux et les anéantir pour toujours. Il faut que toutes les idées, acquises par les travaux, par les souffrances et la misère de plusieurs milliers de générations, forment un faisceau de principes, d'expériences, de vérités ; une masse de raison suffisante à moraliser et à gouverner l'humanité : et il faut ensuite que cette raison soit une propriété du peuple, ou du moins sa croyance, *sa foi.* Du reste ces démonstrations deviendront un peu plus loin des axiomes, quand nous aurons jeté un coup-d'œil rapide, mais sûr, en arrière vers les diverses phases de l'esprit humain, que nous aurons expliqué la formation et la marche de la raison universelle, et les conditions de son exercice.

Mais du reste on se tromperait étrangement, si on s'imaginait que le premier vote du genre humain, soit purement et simplement le vote de la force brutale seule. Dieu merci, nulle société ne s'est jamais trouvée dans une situation si dégradante, qu'elle n'eût pas le sentiment de quelques idées morales. Comme les corps physiques sont maintenus dans leurs positions par les seules lois de l'équilibre, de même les hommes furent nécessairement amenés, par le seul instinct de leur conservation, vers les principes fondamentaux qui en étaient, la condition indispensable. Ainsi que les corps obéissent à leurs lois physiques, de même l'homme, comme corps animé, devait veiller à sa conservation comme les autres animaux, et, comme esprit, être poussé vers les lois morales qui sont nécessaires à l'existence de cette double nature et à ses facultés de perfectionnement indéfini.

D'abord les dispositions de l'esprit sont bien diverses. Depuis le génie jusqu'à la stupidité il existe des nuances et des gradations infinies. Et puis le langage humain n'a pas le même sens pour tous ; les âmes ne vibrent pas d'une manière identique, la parole qui fait résonner une corde dans un cœur en fait résonner deux ou plusieurs dans un autre ; un mot ouvre la porte d'un esprit, pendant qu'il ne touche pas même celle d'un autre. Un cerveau est prédisposé à la poésie, un autre à la logique; ils ne se comprennent pas. L'un n'entend que les déductions droites et compassées de la dialectique, l'autre ne se plaît qu'aux rêveries mystiques. La vérité n'entre pas dans tous les esprits et ne s'y grave pas d'une même manière. Deux savans ne furent jamais d'accord en toutes choses. La science se grandit, se rapetisse, se change, se transforme, se modifie, selon le génie, l'humeur, l'imagination, le caractère et les penchans d'un chacun. Elle prend chez nous le goût, la couleur locale et s'y modifie, comme la couleur du caméléon prend celle des lieux qui l'environnent. Les grands esprits embrassent presque toutes les vérités connues, les autres en prennent ce qu'ils peuvent, quand ils ne la défigurent pas.

Les esprits pourraient presque être ramenés à l'*unité*, non dans leurs individus, mais dans leur croyance, s'ils recevaient le bienfait de la même éducation. Dans les sociétés primitives, l'éducation n'est ordinairement que celle de la famille, et par conséquent l'ignorance se trans met de père en fils. Ensuite la plupart des individus sont forcés au travail pour gagner leur subsistance, et peu ont le loisir de réfléchir et de penser. Dans l'homme il y a plus d'action que de pensée, plus de mouvement que de réflexion et de méditation. Les tiraillemens de la vie animale absorbent presque entièrement la vie spirituelle, et l'esprit qui devrait gouverner la matière se trouve beaucoup trop souvent l'esclave de celle-ci. La vie animale, qui n'est qu'une lutte continuelle contre la faim, traîne l'esprit à la remorque de ses besoins. C'est pourquoi l'esprit de la plupart des hommes qui, cultivé, arriverait généralement à un développement très-élevé, se trouve confiné, par le défaut d'éducation, dans les régions les plus infimes.

Puis encore surviennent les passions qui modifient les esprits, déjà bien divers par leur nature, de mille manières différentes. Les âmes les plus fortement trempées sont, le plus souvent, tout à l'amour, dès l'adolescence jusqu'à l'âge mûr, et ensuite, tout à l'ambition ou à l'amour de la gloire. Pour un homme aimant, la femme est la première des idées et il en est plein ; pour l'ambitieux et l'amant de la gloire, la trompette de la renommée occupe tous ses désirs. L'avare est à genoux devant l'or, il le contemple, il l'adore ; le gourmand sacrifierait tout à son ventre. Nous allons et nous nous agitons selon les inclinations de notre appétit ; ce n'est pas la raison qui nous guide ; mais bien la force de la passion dominante : celle-ci devient le centre de notre existence, le centre d'attraction où tendent tous nos désirs, tous nos vœux, tous nos efforts, et nous n'apercevons les idées et les choses qu'à travers son prisme décevant. Les choses et les idées n'ont de prix qu'autant qu'elles lui sont relatives. La vie est un cercle continuel de désirs ; la satisfaction de l'un en engendre un autre plus grand. Notre cœur et notre imagination sont des puits sans fond.

L'homme ne possède pas plutôt l'idole de ses désirs et de ses efforts, qu'il ne le trouve plus conforme aux appétits de son âme infinie et qu'il le brise. Ce qui hier était mon vœu le plus ardent, je le foule aux pieds aujourd'hui comme un vil jouet d'enfant, indigne d'un homme.

> *Quod petiit, spernit: repetit quod nuper omisit;*
> *Æstuat et vitæ disconvenit ordine toto.*

Le voluptueux ne serait pas rassasié par la possession de toutes les belles femmes qui existent dans le monde: au moment que vous le croirez blasé, rassasié, son imagination effrénée et licencieuse le harcélera et ne lui laissera pas un moment de repos. L'ambitieux ne voulait être que tribun : tribun, il veut être dictateur. Le courtisan de la fortune ne visait qu'à être millionnaire : millionnaire, il se croit presque pauvre et malheureux. Les désirs de l'homme sont sans bornes comme son imagination. La volupté, l'ambition, l'amour de l'argent, sont les reines du monde; et l'amour de la science et de la vérité, qui devrait marcher avant, les dominer, est traînée à leur remorque comme une esclave. Les objets et les idées n'ont pour nous de valeur véritable, que quand ils sont un moyen de satisfaire l'appétit sensuel et brutal, et, dans ces tiraillemens, l'homme est tantôt un esprit, tantôt un animal immonde, tantôt une vierge, tantôt un satyre, tantôt un philosophe, tantôt un imbécile. Notre raison mêle et brouille les deux essences de notre individualisme, la spirituelle et la matérielle. Nos désirs, nos passions, nos penchans, nos besoins deviennent, si nous ne nous en gardons, comme autant d'argumens auxquels nous acquiesçons, comme s'ils étaient rigoureux et logiques. Intelligence et matière, tout entre en bloc dans notre rationalisme. Notre sensualité devient un syllogisme, notre volupté un principe, l'amour du plaisir un article de foi, toutes nos passions s'accoutument à être comme des facultés de notre entendement. Les facultés de l'âme et du corps se confondent dans le même égoïsme et dans la même dépravation de notre volonté. Et, par la force de l'habitude, notre jugement ne distingue pas une argumentation suggérée par les appétits sensuels de celle qui dérive de l'esprit, de l'âme. Une fois que notre machine animale a pris cette direction, elle va toujours en avant sans penser seulement à se demander si c'est là la véritable route.

Voici les causes de l'inconstance de l'homme : son esprit, qui tend toujours à connaître la vérité entière, se trouve à l'étroit dans un cercle de demi-vérités et d'incertitudes qui l'étreignent douloureusement ; son cœur, créé pour un bonheur infini et parfait, ne rencontre icibas, par conséquent, rien qui puisse le satisfaire complètement ; son orgueil, qui le place au-dessus de ses semblables, lui fait souvent mépriser eux et leur ouvrage. L'homme voltige de folles espérances en folles espérances, de lubies en lubies, de frivolités en frivolités, comme un papillon après les fleurs et la lumière. Il se repaît de futilités, de fumée et de vent. Tous ses désirs ne sont que chimères et illusions, tous ses plaisirs que déceptions, toutes ses jouissances qu'un songe. « La vérité, dit Char-« ron, a été donnée à l'homme en partage : il court, il « bruit, il meurt, il bruit, il chasse, il prend un ombre,

« il adore le vent : un fêtu est le gain de son jour. »
Et ailleurs : « L'homme ne peut asseoir son consente-
« ment en aucune chose, et par désir même et imagi-
« nation. Il est hors notre puissance de choisir ce qu'il
« nous faut; quoi que nous ayons désiré et qu'il nous
« advienne, il ne nous satisfait point, et allons béants
« après les choses inconnues et advenir d'autant plus
« que les présentes ne nous saoulent point et estimons
« plus les absentes. Que l'on baille à l'homme la carte
« blanche ; que l'on le mette à même de choisir, tailler
« et prescrire, il est hors de sa puissance de le faire telle-
« ment, qu'il ne s'en dédise bientôt, en quoi il ne trouve
« à redire, et ne veuille ajouter, ôter ou changer : il
« désire ce qu'il ne saurait dire. Au bout du compte,
« rien ne le contente, et se fâche et s'ennuie de soi-même. »

Par ces considérations précédentes, il est aisé de se
convaincre que dans le commencement des sociétés, bien
peu de personnes eussent pu, par la force de leur raison,
s'élever à la connaissance des vérités morales et sociales, nécessaires au maintien de l'ordre et au bien-être des hommes.
Quelques-uns se seraient rencontrés en quelques points,
mais ils eussent encore été séparés dans le plus grand nombre. Quant à la masse, il est évident que son intelligence
n'était pas assez exercée pour atteindre aux argumentations
philosophiques, et découvrir les vérités humanitaires sans
l'observation desquelles la société est impossible.

S'il avait été donné au (1) rationalisme humain de
diriger la marche de l'humanité, l'univers serait retourné
au chaos, à la destruction. Toutes les aberrations possibles se fussent disputé le monde. Il y a de la philosophie
et des argumentations de tous les degrés, de tous les

(1) Rationalisme ou *Raison individuelle*.

goûts, de tous les penchans. Il n'est pas d'absurdités et d'extravagances qui n'eussent eu leurs sectateurs et leurs champions. Sans phare civilisateur, sans règle, sans but, sans principes, sans mots de ralliement, la société n'aurait pu exister, et l'on n'eût vu que des individualités incohérentes roulant dans l'immensité du doute, et de l'ignorance, dans le néant, comme des atomes ballotés dans l'espace sans direction de lois physiques.

A la vérité, dans ces temps, le génie aurait pu venir au secours de l'ignorance et de l'insuffisance de la raison individuelle, et leur imposer sa philosophie comme une loi. Mais on en aurait pas été plus avancé pour cela. Quand elle aurait eu passé par le creuset de l'esprit de chacun, elle en serait sortie tout autre et entièrement méconnaissable : l'esprit le plus médiocre y eût ajouté plus de son individualité, qu'il n'eût profité de son influence salutaire. On aurait eu beau la dresser sur un piédestal magnifique et triomphal, chacun, avant de l'employer, l'eût descendue à son niveau et accommodée à ses goûts et à ses caprices. La noble figure fut souvent devenue une carricature abominable. Mille personnes peut-être ne l'auraient pas comprise d'une manière identique. Chaque individu doit obéir aux mêmes lois, il est vrai, mais chacun les interprète à sa mode et en sa faveur, chacun les façonne et les approprie à son génie. La vérité est une pâte molle que nous pétrissons tous à notre manière. Chacun eût vu les fausses lueurs de son imagination et les écarts de son jugement dans les prescriptions du sage, et on eût prétendu fortifier les opinions les plus monstrueuses par le texte de l'autorité reconnue. Chacun eût lu, compris, interprété, commenté la règle à sa manière : ce n'était pas la peine de l'établir.

Par cela seul que vous constituez le rationalisme pour principe du devoir, vous demandez son exécution à l'intelligence et à la raison individuelles. Parce que vous établissez la raison individuelle juge de la loi, et notez bien que vous ne faites pas autre chose en la soumettant au jugement de chacun, vous établissez la raison comme base de la loi et du devoir. Oh! si tout le monde comprenait de la même manière, la règle atteindrait son but : mais comme il n'en sera pas ainsi, ce ne sera pas elle en réalité, mais bien ses diverses interprétations qui auront autorité. Dès-lors la loi tombe, et il se substitue à sa place un rationalisme divers, ondoyant, bizarre, échappant à tout principe et à toute règle.

S'il est permis d'examiner la loi, de la discuter, d'en faire matière à controverses et thèmes d'école, elle n'est plus la loi, elle n'est plus un commandement, une obligation absolue, un devoir.

La liberté d'examen implique celle de ne pas croire, si on ne comprend pas, d'attendre la foi de la conviction, d'ajourner l'exécution de la loi à l'époque où elle sera évidente, et de la repousser tant qu'elle paraît fausse. Si on peut l'examiner, la contrôler, la controverser, en contester les titres et la valeur, et par conséquent l'admettre ou ne pas l'admettre, dès lors, ce n'est plus une loi : libre à chacun de la pratiquer ou non, selon que sa conception la lui présentera vraie ou absurde. Alors l'obligation de suivre les préceptes de la loi, n'est point dans la loi elle-même, ne dérive pas de la vérité, mais seulement de l'intelligence ou du jugement de chacun. Il suffit de ne pas la comprendre pour ne pas l'observer; condition qui, comme on voit, peut mettre bien des consciences en repos. Pour en être affranchi, il n'y a qu'à être et rester ignorant.

Supposez que ce soit le plus grand génie possible qui prétende imposer ses idées, les autres sont donc obligés de s'en rapporter à sa parole. Il faudra que les hommes aient une confiance aveugle en lui, qu'ils soient certains qu'il ne peut ni ne veut les tromper. Et remarquez bien que la science ne lui suffit pas à obtenir une pareille confiance : la science n'est pas un titre pour celui qui ne la comprend pas. Elle ne donne pas l'autorité du commandement, par plusieurs bonnes raisons : la première, c'est qu'elle n'est pas un titre pour qui ne l'entend pas ; la seconde, c'est que celui qui découvre une vérité n'en est pas le maître ni le possesseur, et que son disciple, dès qu'elle est entrée dans son intelligence, est maître et possesseur aussi légitime que lui ; la troisième, c'est qu'on peut exploiter les hommes par le mauvais usage de la vérité aussi bien que par le mensonge. Nul sur la terre ne peut dire qu'il connaît lui seul toute vérité, qu'il ne saurait errer, et qu'il est destiné à imprimer au monde le mouvement de ses idées, et le retenir forcément dans leur cercle. C'est un rôle impossible. Celui qui voudrait le tenter, serait le plus éloigné d'y atteindre, par l'envie, par la défiance, la colère qu'il ne manquerait pas de soulever ; et s'il était possible, il ne le ferait qu'avec la confiance qui ne se commande pas.

Pour que l'homme pût gouverner ses semblables par l'empire de ses idées et de sa volonté, il faudrait qu'il eût autorité pour cela. Mais cette *autorité* où prendrait-elle sa source ? Dans la supériorité de l'intelligence. —Cette supériorité n'est rien pour qui elle n'est pas constatée, et elle ne l'est point pour qui n'est pas initié à ses enseignemens, pour qui ne les entend pas. Un langage incompris n'est pas plus que le néant, bien loin d'être un principe d'autorité vis-à-vis de ses auditeurs.

L'autorité ne peut-elle prendre sa source dans la force pure ? Non, et c'est bien heureux pour le progrès et le bien-être de l'humanité. Car la force détrônerait la force, et voilà tout ; tout le mouvement de la société consisterait à tourner dans un cercle vicieux, et elle ne serait pas plus avancée après six mille ans d'expérienco, de souffrances et de misères qu'à son point de départ. Elle resterait stationaire, ce qui est impossible : car, comme tout en elle est vie et mouvement, quand le bien ne fait pas un pas, c'est le mal qui le fait à sa place. Or, l'existence de la société n'est possible qu'à une condition, c'est que le bien en elle domine tout-à-fait le mal, que le bien soit la règle immense, impérieuse, puissante, et que le mal ne soit que l'exception. La société serait perdue, anéantie, du moment où le mal, l'exception, deviendrait la règle.

Il faut que la société avance, pour ne pas reculer, pour ne pas courir à sa perte. Si la force suffisait, elle ne ferait que des esclaves ; l'intelligence, la raison, ia morale seraient bannies de la société, qui, ne pouvant rester stationnaire, et dénuée de principes vrais, organisateurs, vivifians et civilisateurs, tomberait dans l'anarchie et la dissolution. La force serait la loi ; l'obéissance serait l'œuvre de la force ; de l'autorité aux sujets, et des sujets entr'eux, il n'y aurait d'autre relation que la force, l'oppression, la fraude et l'injustice, et, par conséquent, ce serait alors le règne des *intérêts matériels,* de l'individualisme, de l'égoïsme, des passions violentes et meurtrières, sans le contrepoids de relations, de principes moraux et socialistes. Le règne absolu des *intérêts matériels* n'est que celui de la force et de l'égoïsme, et s'il était possible, pendant une génération seulement, la société serait trop descendue sur la pente de sa ruine et de son anéantissement, pour pouvoir la remonter.

N'oublions donc jamais que la force pure et brutale ne saurait être le principe seul de l'autorité, du pouvoir, dans les sociétés mêmes primitives, les plus grossières, les plus incivilisées. La force serait la proclamation de l'égoïsme, et l'égoïsme devenu un principe, devenu la première puissance, la société, au lieu de progresser, irait à reculons se précipitant dans sa destruction. La société n'existe que parce qu'elle se rallie sous la bannière de l'*unité*, et elle n'est société que par l'empire de l'*unité*. Les individus, par leur organisation personnelle, par leurs passions, par leur égoïsme, tendent sans-cesse à s'isoler : ce sont comme des atomes doués d'une force centrifuge qui s'efforcent toujours de se détacher de la masse. La force, bien loin de combattre cette tendance, la favorise et l'augmente au contraire; car, seule vis-à-vis d'êtres intelligens et moraux, elle est un énergique dissolvant. Il faut donc au faîte de la société, pour neutraliser l'égoïsme individuel et la force, des principes vrais, moraux, universels, civilisateurs, sociaux, afin de ramener les esprits à l'*unité*. Et il n'y a d'unité possible, que par la conviction ou la foi d'idées, de principes vrais et utiles à l'humanité; tout ce qui sort de cette ligne, bien loin d'unir les hommes, les divise, les fractionne, les abandonne à eux-mêmes et à l'individualité.

Si l'individualisme fût parvenu à s'emparer entièrement des destinées humaines, s'il eût été donné à quelques despotes de les envelopper entièrement dans le cercle de leurs idées, de leurs volontés, le genre humain n'eût pas plus été avancé en pliant devant le génie de l'oppresseur que devant la force du tyran. Les effets du génie eussent été presque aussi désastreux que ceux de la violence ; car la raison supérieure d'un gouvernant ne fût pas devenue universelle, et lui mort, n'étant pas remplacé, une raison perverse lui eût succédé. Après six mille ans de souffrances, de douleurs, d'expériences terribles, la société serait encore à son point de départ; car les améliorations, fruit du hasard et de l'individualisme, hors du domaine de l'opinion publique et n'étant pas placées sous sa garantie et sa surveillance, ne fussent jamais devenues une conquête définitive et assurée. Les faits eussent été dénués de signification, de leçon, d'enseignement, et sans germes de faits et d'un avenir meilleurs.

A des êtres intelligens et moraux il faut nécessairement, pour atteindre le but de leur existence, la mise en pratique des lois essentielles de l'intelligence et de la morale.

Mais, comme ces lois n'étaient pas connues de la plupart des hommes, il était nécessaire que le génie vînt y suppléer en leur en apportant la révélation.

Il arriva généralement que la raison, individuelle ou aristocratique, la plus élevée, la meilleure de l'époque, parvenait à triompher et à obtenir l'autorité spirituelle et temporelle. Car il faut remarquer soigneusement cette double nature des pouvoirs primitifs : L'état et la religion étaient un même corps, une essence identique, qui marchaient toujours conjointement et se soutenant l'un l'autre. En Egypte, en Judée, en Perse, en Médie, en Grèce, à Rome, dans la Germanie, dans les Gaules, partout enfin ; la religion était une loi de l'état, et les prêtres, outre leur ministère divin, étaient encore ministres de l'état, du pouvoir, de l'autorité. Le sacerdoce était une magistrature, une fonction civile, en même temps que religieuse, et ne différait des autres que par son caractère sacré.

Mais comment le génie pouvait-il inspirer sa raison aux peuples ? — Ce n'est pas par l'évidence, puisqu'ils étaient incapables de l'avoir, et que s'ils l'eussent une fois comprise, d'individuelle elle fût devenue tout de suite universelle, et alors le gouvernement et la liberté eussent été un produit de la raison populaire. — Ce n'est pas non plus par la force pure, parce que la majorité n'aurait pas constamment voté la force brutale, et que d'ailleurs l'empire de celle-ci eût amené la dissolution et la ruine de la société — Or après la persuasion, l'évidence, la contrainte, je ne vois pas d'autre moyen humain de faire triompher des idées.

Cependant il fallait au faite de la société une foi, une croyance aux principes essentiels, et sans lesquels la société est impossible, il fallait, à défaut de foi rationelle, une foi quelconque, une synthèse puissante. Or les premiers législateurs, sachant bien que s'ils soumettaient leurs idées à l'approbation et au rationalisme de leurs semblables, rien ne devait être cru généralement, sans contestation, et que leur but serait manqué par conséquent, donnèrent à leurs paroles le caractère sacré et divin, en disant les tenir de la révélation, de Dieu même. Et l'esprit humain, qui se fut révolté devant les ordonnances et les prescriptions de l'homme, s'inclina devant la volonté de l'Être suprême.

Mais qu'on ne s'imagine pourtant pas qu'il fût permis au premier venu de devenir législateur, et d'imposer ses idées sous le manteau de la Divinité. Dieu n'abandonne pas nos destinées aux risques de tels hasards. Et il suffit de savoir que la société ne saurait marcher sous la bannière de principes moraux, faux et opposés au progrès , pour n'avoir aucun doute à cet égard. Non pas que les aggrégations primitives fussent en état de peser la question au creuset de leur jugement et de leur logique , mais ce serait se tromper grossièrement que de se figurer que l'homme n'a que son jugement pour s'assurer de la vérité d'un principe; il possède le sentiment qui est un juge plus sûr et plus infaillible; les idées soumises à sa décision comme une question scientifique n'eussent certes pas reçu une solution véritable; mais il en est tout autrement des idées appliquées. Le mensonge ne pouvant être la source du bonheur des hommes , toutes les fois que le mensonge usurpe la place de la vérité , il traîne à sa suite des résultats désastreux, et il ne saurait durer long-temps. Le sentiment humain attire à lui les principes vrais, et repousse les faux. L'utilité générale est la pierre de touche de la vérité. Le mensonge doit bientôt arriver à sa fin , ne fût-ce que parce que l'humanité succombe sous son poids, comme l'âne trop chargé s'abat sous un trop lourd fardeau.

Ce n'est pas que peut-être des principes faux n'ayent été essayés quelque fois , mais leur durée n'a jamais été qu'éphémère, et à tel point que l'histoire n'en a pas consacré le souvenir. Ainsi les sociétés même les plus barbares ont reconnu l'existence de Dieu ou d'un être dominateur de l'univers , la croyance à une autre vie et par conséquent l'immortalité de l'âme, la supériorité de l'intelligence sur la matière, la récompense des bons et la punition des méchans, l'excellence de la vérité, de la vertu, la laideur du mensonge, du vice et du crime, l'amour des parens pour leurs enfans, le respect et l'a-

moins de ceux-ci envers leurs parens , la réciprocité (1)
des services et des devoirs entre les hommes , etc.

Il est vrai que ces vérités se sont montrées sous le cachet des révélations différentes, sous la poésie de mythes
divers , mais au fond les mêmes principes de morale et
de vertu se retrouvent partout. Si l'on y remarque quelques variations , elles sont bien légères , et du moins les
points principaux , le corps de doctrine , le code de morale sont identiques partout. Les devoirs de l'homme
ont été définis et compris de la même manière chez toutes
les nations. On y a quelquefois ajouté, quelquefois re-
tranché , mais ces accidens exceptionnels n'ont jamais
dorté atteinte aux idées capitales qui sont comme inhé-
rentes à la nature intelligente de l'homme et nécessaires
à son perfectionnement.

Comme ces vérités ont besoin , pour être comprises,
de démonstrations métaphysiques, elles n'avaient pas accès auprès de l'esprit de la pluralité , elles étaient comme
une lettre morte et incomprise, quoique divinisées par
la révélation ; aussi dans tous les pays et chez tous les
peuples on les a revêtues de la poésie magnifique , mys-
térieuse, grandiose du mythe, pour traduire à l'imagination le langage que le jugement ne pouvait entendre.
Mais vous retrouverez dans tous le mythes soit anciens ,
soit modernes, égyptiens , juifs , asiatiques, grecs et romains, scandinaves, celtiques, druidiques, musulmans,
la même morale et les mêmes préceptes. Les pratiques et
cérémonies varient, il est vrai, mais elles s'adressent à

____

( ) *Fais à autrui ce que tu voudrais qu'on te fît, et ne fais
pas à autrui ce que tu ne voudrais pas qu'on te fît;* principes
qu'on trouve chez tous les peuples, et qui sont aussi vieux que le
monde.

l'Être-suprême ou aux êtres supérieurs. Le fond de la prière est le même : les devoirs de l'humanité y semblent copiés presque tous identiquement.

Ainsi, sur toute l'étendue de la terre, l'humanité, à son point de départ, a joui du bénéfice de la raison la plus eminente qui fût en ces temps. Les peuplades les plus incivilisées ont eu leurs génies protecteurs pour leur ouvrir la route du progrès, et suppléer à leur intelligence débile. Dieu a permis qu'ils couvrissent cette raison de costumes divers selon les mœurs et les goûts de chaque nation, et l'appropriassent ainsi à leurs mœurs et à leurs coutumes ; et, à défaut d'un système rationnel qui ne pouvait être que le fruit de plusieurs siècles, l'humanité a marché sous l'égide d'une synthèse mythique, révélée, puisqu'elle est providentielle, jusqu'au temps où elle a eu acquis par ses travaux et son expérience, une foi plus logique et moins étayée de fables, synthèse excellente parce qu'elle est nécessaire, indispensable, et que rien ne saurait la suppléer à défaut de la seconde.

Maintenant, arrivés à ce point, nous sommes à même d'expliquer pourquoi les nations en votant la force n'ont pas voté la force brutale seule : c'est que celle-ci se trouvait sous le patronage des idées de la synthèse révélée. de la loi divine, et aussi dans ses évolutions ne devait pas en heurter la croyance. Plus la foi était profonde et crédule, plus elle avait besoin d'être entourée de ménagemens ; sans doute que les tyrans ont malheureusement grande latitude pour l'exercice de leur volonté perverse, mais en général ils ont été plus onéreux à l'aristocratie et à quelques individualités privilégiées qu'à la masse du peuple, et ils n'ont conservé leur autorité qu'en imprégnan leurs décrets et leurs lois de la foi populaire. La plupart de ceux qui l'ont méconnue , qui ont été trop hostiles à l'intérêt général, brisant ainsi les enseignemens du passé sans améliorer le présent et l'avenir, ont péri sous les coups des conjurés ou de l'insurrection; ainsi, là, où la raison nationale ne pouvait diriger l'autorité et lui dicter sa volonté, la foi était un frein moins sûr et moins parfait à la vérité, que le pouvoir n'était pas libre de briser au gré de ses caprices. C'est pourquoi il se tromperait grossièrement, celui qui croirait que l'humanité a jamais marché sous la bannière du hasard. La providence est dans tous les événemens ; à elle la direction et l'ensemble ; aux hommes l'accomplissement, la moralité , la responsabilité des détails. La providence pousse l'humanité en avant autant qu'elle le peut, sans gêner sa liberté, et elle fait accomplir tous les faits par notre intermédiaire. Aussi nous voyons souvent le peuple, dans les agitations de son malaise, apostropher l'autorité : *patere legem quam ipse fecisti*. Toutes les révoltes ne sont que l'expression de cette argumentation.

A mesure que l'esprit humain se développait , que le cercle des connaissances s'élargissait, que l'intelligence et la volonté individuelle devenaient plus fortes, plus élevées et plus morales, la synthèse révélée perdait ses antiprestiges, et n'était plus un boulevart suffisant à défendre les iniquités existantes. Les idées progressives , qui d'abord étaient le partage d'une faible minorité , finissaient par tomber dans le domaine public, changeaient et modifiaient les croyances et l'opinion , et exigeaient leur mise en pratique ; les convictions et la raison meilleures étaient nécessairement la source de faits meilleurs , ou plutôt les idées se traduisaient en faits. Il est vrai que ces changemens sont longs pour l'impatience des amis du progrès, mais cette lenteur était indispensable à son succès, la ré-

génération sociale s'élevant presque imperceptiblement,
sans déchirer et bouleverser le fait existant avant de pouvoir le remplacer d'une manière avantageuse et complète.
Du moment que l'ordre de choses était opposé à la raison
générale, il est bien évident que tout le monde devait
souffrir de cette disparate douloureuse, et que tous les efforts tendaient à la détruire.

Toutefois, les transformations sociales n'étaient souvent que des tiraillemens en avant ou en arrière, parce
que la véritable liberté ne pouvait pas exister. Or, cette
liberté ne pouvait être complète et véritable tant que tout
le monde n'en avait pas l'intelligence, la volonté, le besoin. Au premier abord, on a lieu de s'étonner que la
philosophie et la civilisation grecques, presque aussi parfaites que les nôtres, n'aient pas été la source d'une liberté meilleure et plus parfaite. Cette différence cependant
s'explique facilement.-Les anciens n'ont jamais compris les
destinées humanitaires et les prescriptions de la justice.
Leur civilisation était le prix de la lutte récente, de la
victoire du fort sur le faible. Pour eux, le droit était la
consécration du fait, et Aristote dit comme une chose
naturelle: que les esclaves naissaient pour l'esclavage, (1)
comme les hommes libres naissent pour la liberté. Le lien
patriotique s'inspirait principalement de la haine de l'é-
tranger : cela est si vrai, que les Grecs appelaient tous les
autres peuples *barbares*, et que toutes les nations se
traitaient ainsi réciproquement. Les efforts patriotiques
ne consistaient qu'à battre l'étranger, et à maintenir l'é-
galité civique et le bien-être social en réduisant les vaincus en esclavage, et en les affectant au service de citoyens.
C'est le droit du plus fort, le règne de la lutte, le triomphe

(1) A Sparte, les esclaves étaient dans la proportion de cinq
contre un,

du plus fort sur le faible ; c'est l'aristocratie écrasant la majorité ; c'est, dans un autre ordre de choses, le colon étayant son bien être sur le travail des nègres, avec cette différence, que les anciens luttaient souvent et entre eux, et contre leurs esclaves, et contre leurs ennemis. L'unité ne se maintenait que par la crainte inhérente à une lutte continuelle : cela est vrai à ce point que, dès qu'une nation avait dompté tous ses ennemis et conquis une paix durable, sa corruption et sa décadence arrivaient toujours bientôt après. Cela est vrai pour les Egyptiens, pour les Mèdes, pour les Perses, pour les Grecs, et ensuite pour les Romains. Comme la lutte était la cause de leur unité, de leur civilisation, de leur liberté, de leurs vertus, toutes ces choses allaient s'affaiblissant et périssant entièrement avec leur cause. Chez eux, les vertus n'avaient de prix qu'autant qu'elles étaient relatives à la chose publique, c'est-à-dire au faisceau des forces réunies pour se défendre de leurs ennemis ou les attaquer ; les autres étaient peu prisées et bien obscures. C'est pourquoi la piété filiale, l'amour paternel et maternel, l'amour conjugal s'effaçaient au besoin devant les exigences de la société, devant l'intérêt du service, et les pères leur sacrifiaient leurs femmes et leurs enfans. Aussi ces sacrifices ne se conçoivent que pour une société précaire, toujours périclitant par une lutte incessante, toujours dans l'alternative et à la veille de détruire ses ennemis ou d'en être détruite, et aujourd'hui ils sont si contraires à nos idées et à nos mœurs qu'ils nous paraissent monstrueux.

Pour comprendre comment les sociétés anciennes ont pu exister avec leurs religions fausses et impures, comment le patriotisme pouvait y être si ardent, il faut bien se souvenir que les législateurs de chaque nation avaient établi

dans la religion nationale , comme article de foi , la supériorité de la nation sur toutes les autres, la haine de
l'étranger, la certitude de la victoire sur ses ennemis et
l'empire de l'univers. Ce n'était pas le même Dieu qui
les protégeait ; chaque peuple avait ses dieux, et ses dieux
étaient toujours les plus puissans et les meilleurs. La victoire était toujours sûre. Il n'y avait pas de relation vrai-
ment amicale d'étranger à citoyen ; le patriotisme se forti-
fiait de la haine de l'étranger. Les citoyens étaient plus
unis que nous , parce que la lutte contre les ennemis ne
cessait presque jamais : on est toujours ami quand on
est sous le même drapeau pour combattre et repousser
l'étranger. Tout Romain croyait que Rome était appelée
à l'empire de l'univers , et cette foi augmentait sa confiance, son orgueil, son enthousiasme , son amour pour
la patrie. Au lieu que nous sommes avocats , médecins,
marchands, cultivateurs , et que nous travaillons principalement pour nous , les Romains étaient tous soldats, la
défense de la patrie, la conquête du monde et l'état militaire
y étaient la seule occupation dominante ; tout le reste
était secondaire. Voilà pourquoi le Romain était tant at-
taché à son pays et avait tant d'amour pour lui ! On n'a-
vait pas le temps d'y penser à soi , tant la chose publique
occupait tous les esprits. Il faut encore remarquer que les
anciens croyaient à la fatalité, mais à une fatalité qui leur
était presque toujours favorable. Mais cette croyance, loin
de ressembler à la fatalité asiatique *passive*, était au
contraire très active, parce qu'elle procédait de la confiance
en eux-mêmes.

Si véritablement le monde eût éternellement marché
sous l'empire de la même lutte , si les nations naissantes
et vigoureuses n'eussent fait que vaincre et absorber les

nations décrépites, le monde eût tourné dans un cercle misérable, les Perses absorbant les Mèdes et les Egyptiens, puis les Grecs les Perses, puis les Romains les Grecs et ainsi de suite sans autre utilité que cette rénovation du vieux par le nouveau, que cette espèce de greffe du nouveau sur le vieux. Mais heureusement les choses se sont accomplies sous une influence plus progressive. Mais ces absorptions consécutives élargissaient le cadre de la grande et même unité, si bien que les Romains, par leurs nombreuses conquêtes, avaient réuni tout l'univers comme sous l'empire de la même loi et de la même domination.

A la vérité, ces mêmes Romains, dont la civilisation et le progrès étaient le fruit de la lutte, dès qu'ils n'eurent plus d'ennemis à combattre, suivirent les peuples leurs devanciers dans la même décadence et s'y précipitèrent par la pente de la corruption, mais le monde ancien avait au moins accompli sa belle mission, en créant la plus puissante unité possible, nouveau champ où la civilisation du monde allait exercer ses efforts avec les conditions les plus favorables.

Un fait, dont l'intelligence est indispensable pour comprendre la marche de l'humanité, son but et ses moyens, c'est que la lutte est le point du départ de la raison, qu'elle est la phase essentielle de l'antiquité et le principe de tout son mouvement et de son progrès. Tous les arts chez elle se sont développés sous l'influence de la même nécessité, la défense ou l'attaque, la guerre enfin. C'est la période la plus douloureuse et la plus matérielle de l'histoire : l'homme luttant contre l'homme pour lui disputer la subsistance matérielle ou l'asservir à son bénéfice. L'aspect en est pénible et déchirant, malgré les événemens prodigieux et gigantesques qui la caractérisent. C'est le triomphe de la force brutale et égoïste, qui écrase des nations entières ou leur rive les fers de l'esclavage, sans pitié comme sans remords. Dans la Grèce et à Rome, les citoyens formaient une aristocratie libre et heureuse au détriment d'une plèbe nombreuse d'*esclaves*, qu'ils foulaient aux pieds. Les divers états ne comprenaient la félicité que comme la victoire et la prééminence sur tous les autres états. Ainsi, forts et faibles, bourreaux et victimes, vainqueurs et vaincus, exploiteurs et exploités, telle était l'alternative du bonhenr ou du malheur, de la liberté et de l'esclavage, et ils n'avaient aucune autre mesure pour l'apprécier. Toutes leurs idées d'équité, de justice, de droit, étaient entachées de ce préjugé mensonger et horrible : la force, le triomphe, le fait, quels qu'ils fussent, y recevaient une consécration incontestable. Leurs philosophes même ne s'élevaient pas au-dessus de ce préjugé commun, et il ne vint jamais à la pensée d'aucun de protester contre lui et de faire entendre, pour le déraciner, les accens d'une logique, d'une morale et d'une conscience droites. Platon, Aristote, Zénon, Cicéron et Sénèque trouvaient très commode, très juste et très beau d'être servis par des esclaves, et leur cœur ne se révolta jamais contre cette atteinte portée aux droits de l'humanité. Leur droit des gens ne valait pas mieux : ainsi, ils étaient peu scrupuleux sur le choix des motifs de leurs déclarations de guerre; haine, ambition, équité tout leur était égal, et généralement, pendant sa durée, ils ne respectaient rien; passer des villes assiégées au fil de l'épée, tuer les femmes et les enfans, violer, piller, ne respecter ni sacré ni profane, étaient des jeux ordinaires et autorisés par la coutume; et on croyait faire une belle grâce à ses prisonniers quand on ne les massacrait pas et qu'on les épargnait à la fin de les employer comme des bêtes de travail et de somme.

C'est qu'il manquait à l'antiquité la conscience des destinées de l'humanité, dans cette vie et dans l'autre, de son avenir, de son progrès, de son perfectionnement. L'intelligence païenne s'était développée par la nécessité, la souffrance, le froissement de l'égoïsme et des intérêts matériels, par le choc des passions mauvaises, et elle apportait dans tous ses actes le cachet de sa causalité trop matérielle. Elle réflétait dans tous ses mouvemens ces inspirations d'une source impure et grossière. Les passions étaient peut-être plus énergiques et plus violentes, parce qu'elles avaient toute la brutalité du corps, sans le contre-poids d'une âme assez noble et assez épurée. Ainsi les héros de leurs épopées étaient plus loués de leur force corporelle et de leur bravoure, que de leur esprit : dans l'Odyssée, Achille et Ajax sont autrement brillans et exaltés que le sage Nestor et qu'Ulysse.

C'est vrai à ce point que les artistes y étaient bien plus préoccupés de l'expression et de la beauté des formes corporelles, que de celles de l'âme, de la vérité de l'action. Le peintre et le sculpteur avaient atteint la perfection de leur art, dès qu'ils étaient parvenus à rendre les formes voluptueuses de Vénus, ou celles athlétiques et nerveuses d'Hercule. Leurs préoccupations étaient généralément matérielles, et leur âme se laissait entraîner plutôt par les voluptés physiques, que par les voluptés morales qui leur étaient inconnues et qu'ils ne pouvaient apprécier : la palme artistique appartenait à celui qui savait le mieux parler le langage des sens, et les plus beaux chefs-d'œuvre devaient être la Vénus de Zeuxis et l'Appollon du Belvéder. Leurs poètes avaient-ils un héros ou une belle femme à peindre? Ils disaient pour un guérrier, tous les détails d'un corps fort et vigoureux, leur taille, leur port, leur démarche noble et imposante, leur armure riche et brillante; et pour une femme, ils faisaient un portrait suave et délirant, sans craindre en aucune façon d'alarmer la pudeur. Leur culte, leur religion, se ressentaient même de cette influence matérielle : ils avaient divinisé la volupté sous le nom de Vénus, la cupidité sous le nom de Mercure, l'ivrognerie sous le nom de Bacchus, l'amour de la guerre sous celui de Mars et de Pallas, etc.; ce qui les autorisait à satisfaire toutes leurs passions en sûreté de conscience. Aussi, quoiqu'ils adoptassent dans la discussion et en théorie, divers systèmes philosophiques comme celui de l'Académie, des Péripateticiens, de Zénon et autres, en réalité dans les habitudes journalières de la vie ils étaient épicuriens et ils aimaient les plaisirs de toute sorte avec des raffinemens qui nous sont inconnus aujourd'hui et que nous avons de la peine à comprendre.

Et ce qui achève de nous dévoiler entièrement combien leur intelligence était matérielle et leurs sentimens peu épurés, c'est que dans l'amour ils cherchaient plus la volupté sensuelle que l'union et la communion des âmes, que la satisfaction de l'intelligence. Ils aimaient une courtisanne comme une femme vertueuse, et même ce sont peut-être les femmes de mauvaise vie qui y ont allumé les plus fortes passions. En effet, dès qu'on ne recherche que la satisfaction des sens, il est logique qu'on préfère celles qui sont plus adroites à la procurer. Il n'était pas rare de voir des hommes d'un mérite élevé, de grands capitaines, des philosophes, professer un attachement violent pour une courtisanne. La beauté du corps avait bien plus d'attraits pour eux que celle de l'âme. Ils étaient tellement persuadés que le plaisir physique est la première loi de l'humanité, qu'ils avaient une extrême réserve et une grande défiance dans toutes leurs relations domestiques et sociales. Comme aujourd'hui les peuples d'Orient, ils regardaient la femme comme un être inférieur à la nature de l'homme; c'est pourquoi celui-ci la considérait comme sa première esclave et la tenait dans la contrainte et l'asservissement. Leurs femmes étaient continuellement renfermées dans un endroit retiré de la maison et elles ne paraissaient presque jamais en public ou n'y paraissaient que voilées. Ils ne connaissaient pas cet amour qui égale à soi l'être chéri et lui accorde une confiance noble et illimitée. Chez eux la volupté légitimait tout : aussi les amours infâmes, pour lesquels quelques organisations monstrueuses se cachent soigneusement aujourd'hui, étaient chez eux avouées publiquement et même de bon ton et de bonne compagnie.

Chez les anciens, il n'y avait pas de véritable famille : le père était un maître, un despote impitoyable qui avait droit de vie et de mort sur sa femme et sur ses enfans. Par le fait que le mari pouvait maltraiter son épouse, la tyranniser, la renvoyer du toit conjugal, la tuer même et tuer ses enfans, on doit juger par là combien les relations domestiques devaient souvent être pénibles et douloureuses. Aussi les condamnations à mort, et même quelquefois les exécutions de la mère et des enfans n'était pas chose très rare, et ce qui nous semble aujourd'hui révoltant et contraire à la nature, était alors un acte de bonne et rigoureuse justice.

Il faut bien séparer cette période historique et ne pas la confondre avec les suivantes. Cette ère première fut le

règne de la force brutale, du fait impitoyable, des passions matérielles. Cela ne doit pas nous étonner, vu que
c'était l'époque de l'enfantement de l'intelligence humaine par la lutte, le travail, la souffrance, l'expérience
douloureuse, la volupté grossière et sensuelle, époque
où l'homme commençait à sentir son mérite comme esprit,
où son âme prenait lentement son essor et retombait souvent dans le matérialisme de ses appétits trop corporels,
et où son être se rapprochait encore plus de l'essence animale que de l'essence spirituelle.

Ce n'est pas que la philosophie grecque n'eût fait de
belles découvertes et d'immenses progrès, et qu'elle n'en-
seignât à peu-près les mêmes principes et la même morale
que la nôtre. Mais il faut remarquer qu'elle était connue de
peu de personnes, et qu'ainsi elle ne pouvait avoir une influence puissante sur la société. Ensuite elle avait d'autant
moins d'importance qu'elle était partagée en plusieurs sec-
tes. Les peuples anciens ne comprenaient la liberté que par
l'abaissement et la destruction de leurs voisins et le service des esclaves conquis à la guerre. Et la vérité des doctrines plus humanitaires et plus sociales étaient bien
professées par Socrate, Platon, et quelques autres philosophes, mais elles étaient ignorées ou méconnues du peuple et même contraires à l'opinion publique.

Si la philosophie était parvenue à devenir une conviction, une croyance, une foi générale, sans doute alors
la morale eût eu un but et des principes certains et so-
lides. Mais la philosophie ne se popularise que par la voie
de la démonstration, du rationalisme, voie très longue,
très douteuse, très ardue, et même peut-être impossible
surtout pour les esprits illettrés. L'erreur est si attrayante,
si facile à trouver crédit auprès des ignorans, qu'elle

eût toujours débordé et dépassé celle-là. D'ailleurs, supposez que l'enseignement philosophique fût accessible et
commun à tous, les esprits sont si divers par la nature,
l'éducation, les caractères, les passions, les penchans,
que le sens en eût été fractionné en mille manières.
Comme nous l'avons déjà dit, la liberté d'examen implique celle de croire, ou de ne pas croire si on ne comprend
pas.

Devant l'insuffisance de la philosophie, les religions
païennes, déjà éclairées par la science et la raison pu-
bliques, n'étaient plus une puissance morale assez forte
pour diriger le monde. De plus la corruption avait pris
un développement plus large et plus influent que la force
de la raison et de la philosophie; dans l'attente longue
et difficile de la propagation de celle-ci, la corruption
l'eût débordée et peut-être étouffée. Les anciennes révélations, utiles pendant l'éclosion de la raison nouvelle,
avaient fini leur temps. Quand la raison a dépassé la foi
révélée, celle-ci disparaît pour céder la place à une foi nouvelle. Ainsi, parce que la philosophie et même les idées
populaires étaient plus parfaites que la religion Juive et la
Mythologie païenne, il devait, de toute nécessité, surgir
une foi plus pure et plus progressive.

Mais nous avons conclu, avec une logique rigoureuse,
que la propagande de la philosophie était trop lente, trop
difficile, et, par cela même, trop insuffisante pour le gouvernement moral de l'humanité, pour que la société
n'eût pas besoin d'autre abri protecteur. Or, nul homme
sur la terre ne peut donner ses idées et sa volonté comme
la loi, avec cette exception que la loi ne saurait être sujette à discussion et à controverse; Dieu seul est digne
de cette autorité suprême par sa toute puissance, sa

science qui est infinie, sa volonté droite etbienveillante.

Sur notre terre, toutes les fois que l'humanité a eu besoin de la parole de Dieu, d'un prophète, ou de Dieu même, la parole de Dieu, le prophète ou Dieu, n'ont pas manqué d'arriver à point. Certes, la plupart des prophètes ou des révélateurs se sont seulement inspirés de leur génie, et ont pris leur mission dans leur génie, c'est-à-dire qu'ils ont été des législateurs et des politiques habiles ; mais elle n'empêche pas que leur mission ne soit divine, en ce sens qu'ils sont dans l'ordre de la Providence, et que Dieu n'ait approuvé et sanctifié leur œuvre.

Le règne de la force étant à sa fin, puisqu'il avait amené son meilleur résultat possible, la grande unité de l'empire romain, et qu'il ne pouvait conduire l'humanité plus loin, le monde devait entrer dans une ère meilleure et plus parfaite. De fait, la philosophie grecque, l'avant-garde du progrès à cette époque, devait imprimer à la société le mouvement de son esprit : car les idées vraies portent toujours leurs fruits. Le Christ fut l'initiateur de tout ce que cette philosophie avait de bon, et il y ajouta bien des doctrines inconnues jusqu'alors ; et pour se placer sur le terrain le plus favorable à sa propagande, il s'annonça comme un Dieu à l'univers las d'un passé douloureux et prêtant l'oreille à toute agitation rénovatrice. (1)

Jésus-Christ est-il Dieu ? — C'est une question difficile ou plutôt impossible à résoudre par la seule méthode de la logique. Pourtant, qu'on considère son système religieux et moral comme une révélation de la Divinité ou simplement comme un système philosophique, avec

(1) Ici je ne parle que philosophiquement ; il serait trop difficile dans un court exposé d'établir ou de nier la divinité du Christ.

de la bonne foi on ne saurait nier que c'est la doctrine la plus philosophique et la plus vraie qui ait jamais existé, et qu'elle a eu sur l'humanité plus de puissance, d'autorité et de vertu civilisatrice que toutes les doctrines réunies ensemble. Or, dire que Jésus-Christ à été plus sage lui seul que tous les sages à la fois, c'est, selon moi, en faire plus qu'un homme, c'est faire acte de foi à sa divinité.

La puissance civilisatrice du christianisme se comprend en comparant le monde nouveau au monde ancien, et pour être convaincu que leur différence est le fait du christianisme, il n'y a qu'à comparer les peuples chrétiens d'aujourd'hui aux peuples non chrétiens.

Comme Dieu, le Christ ne commanda pas en despote: il expliqua ses préceptes de justice et d'amour, avec une simplicité sublime, avec une douceur et une bonté admirables, tendant toujours la main aux hommes de bonne volonté. Il vint annoncer la fin du règne de la force, de l'orgueil égoïste et brutal, de la justice impitoyable, *summi juris*, et celui de l'amour et de l'indulgence, de l'équité et de l'égalité.

« *Vous aimerez Dieu de tout votre cœur et votre prochain comme vous-même.*

Aimez vos ennemis, faites du bien à ceux qui vous haïssent, priez pour ceux qui vous persécutent et vous calomnient.

Heureux les pauvres d'esprit, parce que le royaume des cieux est à eux.

Heureux ceux qui sont doux, parce qu'ils posséderont la terre.

Heureux ceux qui pleurent, parce qu'ils seront consolés.

Heureux ceux qui ont faim et soif de la justice, parce qu'ils seront rassasiés.

Heureux ceux qui sont miséricordieux, parce qu'ils seront traités avec miséricorde.

Heureux ceux qui ont le cœur pur, parce qu'ils verront Dieu.

Heureux ceux qui sont pacifiques, parce qu'ils seront appelés enfans de Dieu.

Heureux ceux qui souffrent persécution pour la justice, parce que le royaume des cieux est à eux.

Si vous pardonnez aux hommes leurs offenses, votre père céleste vous pardonnera aussi vos péchés.

Ne jugez point afin que vous ne soyez point jugés.

Faites donc aux hommes tout ce que vous voudriez qu'ils vous fissent.

Pour vous ne prenez pas le nom de maître, car vous n'avez qu'un seul MAÎTRE, *et vous êtes tous* FRÈRES.

Celui qui est le plus grand parmi vous sera votre serviteur.

Si quelqu'un veut être le premier, il doit être le dernier et le serviteur de tous.

Car quiconque s'élèvera sera abaissé, et quiconque s'abaissera sera élevé.

Que celui de vous qui est sans péché lui jette la première pierre.

Rien de ce qui vient de dehors, et qui entre dans l'homme ne peut le souiller, mais ce qui sort de l'homme c'est là ce qui le souille.